BIBLIOTHÈQUE SOCIOLOGIQUE. — N° 33.

LAURENT TAILHADE

Discours Civiques

(4 Nivôse, an 109 — 19 Brumaire, an 110)

Portrait de M. Félix VALLOTON

'Εν μύρτου κλαδὶ τὸ ξίφος φορήσω
ὥσπερ 'Αρμόδιος κ' 'Αριστογείτων
ὅτε τὸν τύραννον κτανέτην
ἰσονόμους τ' Αθηνας
ἐποιησατην.
(ΑΘΗΝΑΙΟΥ
ΔΕΙΠΝΟΣΟΦΙΣΤΑΙ).

PARIS. — I

P.-V. STOCK, ÉDITEUR

(Ancienne Librairie Tresse et Stock)

27, RUE DE RICHELIEU.

1902

Ce volume a été déposé au Ministère de l'intérieur (section de la librairie) en mai 1902.

De cet ouvrage il a été tiré à part vingt exemplaires sur papier de hollande numérotés et paraphés.

Discours civiques

a Laurent Tailhade

F. Vallotton

.A

Gustave KAHN,

au citoyen, au poëte et à l'ami.

L. T.

Prison de la Santé, le 1er nivôse, an 110.

DISCOURS CIVIQUES

LES RENAISSANCES DU SOLEIL

(4 nivôse, an 109).

> «... solem quis dicere falsum
> « audeat!»
>
> Georg. lib. I.

Quand l'initié, après avoir subi les longues épreuves du culte ésotérique de Mithra, revêtait enfin la robe blanche, symbole de sa participation aux mystères, il se tournait vers l'orient et, d'un cri joyeux, saluait la lumière nouvelle. Cette invocation du dernier culte que le polythéisme antique opposa, dans les sombres jours de la décadence romaine, à la pourriture du christianisme envahissant, tous les peuples l'ont fait entendre à chaque minute de leur évolution, depuis le troglodyte des rochers, bénissant, avec le retour de l'aurore, la fin des

1

nocturnes épouvantes, jusqu'aux Héllènes ma-
gnifiant d'une perennelle beauté leur Apollon
de Delphes, le dieu de la lumière et du laurier.
Ce cri nous le poussons encore. Si la Noël sus-
pend, aujourd'hui même, pour quelques heures,
les haines et les rivalités du monde occidental ;
si la table de famille groupe autour des mets
nationaux les peuples de la France, de l'Angleterre et de l'Allemagne ; si le gui que les prêtres
d'Odin, les Vellédas en robe blanche cueillaient
avec la serpe d'or, présage le bonheur aux
fiancées du xx° siècle, ce n'est pas pour fêter
l'avènement de Jésus, la naissance du dernier et
du plus misérable des dieux.

Depuis longtemps, l'homme qui pense et qui
travaille, le philosophe aussi bien que l'ouvrier,
ont rompu avec l'erreur galiléenne. Les histrions
du surnaturel : prêtres, moines, évêques ; les
voleurs tonsurés des pèlerinages et du confes-
sional ont beau multiplier les apparitions et les
pséudo-miracles, organiser des trains de plaisir,
libeller en prophéties les divagations de leurs
hystériques, la religion de la mort, frappée à
son tour mortellement, ne compte plus d'adhérents et de dupes que parmi les idiots, les dégénérés, les apédeutes ou les gredins.

C'est une fête aussi durable que la terre, que les planètes qui gravitent comme elle dans l'orbe du soleil ; c'est la fête de l'astre qui engendre la vie, l'amour et la beauté, que solennisent, à la fin de décembre, les habitants de l'univers.

Au 21 décembre, jour du solstice d'hiver (et, par conséquent, le plus bref de l'année), la terre achève autour du soleil sa pérégrination de douze mois. Le voyage annuel recommence ; les longues nuits s'abrègent peu à peu. Sous les frimas qui « verrouillent la terre », dans les tourmentes de nivôse et les embruns de février, court déjà le frisson irrésistible du printemps. Cette jubilation de la noire Déméter épousée, chaque année, par l'amant sidéral, de l'Isis éternelle, fécondée sous l'étreinte d'un dieu, tous les âges l'ont connue, toutes les religions l'ont célébrée, toutes les théogonies l'ont enregistrée dans leurs annales.

Je ne suis pas ici pour vous faire un cours de mythologie comparée. Les paroles que vous voulez entendre ne sortent point des bibliothèques ni des musées. Ce que vous cherchez dans nos discours, c'est, avant tout, un réconfort, un *sursum corda,* un encouragement aux

luttes civiques, par lesquelles, maçons, mes
frères, et vous, messieurs, qui nous favorisez, ce
soir, de votre présence, vous fonderez pour nos
enfants la république véritable, la république
de l'affranchissement intellectuel et de la liberté.

*
* *

Souffrez, néanmoins, que je vous rappelle, en
un rapide entretien, les origines de ce Noël qui
nous rassemble, Noël que les docteurs et les
pères de la doctrine chrétienne ont si grotes-
quement accommodé à leurs superstitions.

Le soleil né d'une vierge est une des plus
immémoriales sottises dont se glorifie l'humanité. Fatiguées, sans doute, de leurs épouses
acariâtres, de leurs héritiers malpropres et
bruyants, les peuplades sauvages ou civilisées
se sont complues à donner aux êtres divins
qu'elles imaginent, aux sauveurs en déplace-
ment, cette génération insexuelle que contre-
disent les plus élémentaires données de l'em-
bryologie. La parthénogénèse du soleil existe
aussi bien dans l'Inde qu'en Egypte ; on la
trouve chez les esquimaux comme chez les
hébreux. La Vierge-Mère de Saïs porte en ses

bras un *bambino,* pareil à l'enfant dieu des
Saintes Familles, et, pour que nul n'en ignore :
« Le dieu que j'ai enfanté, — dit une inscrip-
tion au bas de sa statue, — c'est le soleil ».

« Quand Devaki mit au monde Krishna, précurseur plusieurs fois séculaire du Christ hébreu, « la mer frémissait, les montagnes trem-
« blaient, les étoiles resplendissaient, la Nuit se
« trouvait dans la constellation de la Délivrance,
« et l'on a donné le nom de Victoire à l'heure
« où se montra le divin Jeune Homme, qui, de
« son regard, illumine la terre ».

Ce mythe indou, plein d'une cosmographie
naïve, figure assez exactement les inventions
plus modernes où les dieux incarnés s'amalga-
ment avec le soleil, où leur avènement concorde avec son entrée dans le signe du Capricorne, domicile de Saturne, quand le premier
mois, celui de Janus-Saturne (*Januarius*) commence et détermine ainsi le jour initial de l'an
nouveau.

La plupart des civilisations choisirent cette
date pour inaugurer l'année. Les premiers romains, seuls, qui furent des militaires, par
cela même, en révolte contre toute idée scientifique, la faisaient débuter à l'équinoxe du

printemps, jusqu'au règne de Numa qui restaura l'ordre ancien et fit commencer le grand jour annuel au solstice d'hiver.

L'Egypte qui l'ouvrait au solstice de juin (24 de ce mois, Yaô, *Yaôkhannan* = la grâce de Yaô = Saint Jean le baptiste), célébrait néanmoins, au 27 décembre, la fête des lumières : « O Phrà, — s'écriait-elle — vas-tu « nous quitter ? mais il revient sur l'horizon ! » Et c'était Horus (Horus = *Our* = lumière) qui la consolait, apparaissant le doigt dans la bouche, faisant ainsi le geste de l'enfant à la mamelle, emblème des renaissances et du mouvement circulaire de l'année.

Sans appuyer plus longtemps sur les curiosités astronomiques ou religieuses des siècles disparus, constatons la présence indiscutable de tout le personnel évangélique dans les signes du zodiaque et le calendrier. Le mystère de l'Incarnation, nous le savons déjà, s'accomplit à la fin de décembre. Le Capricorne se trouve alors sous le méridien. Le premier signe qui monte à l'horizon est la Vierge. Elle a sous ses pieds le Dragon des Hespérides. Elle porte en ses bras un nouveau-né, comme Isis ou Devaki. Devant elle, se dresse le Lion

(saint Marc) et, au-dessus, le Bœuf (saint Ma-
thieu). A'ses pieds, Janus, l'étoile qui se con-
fond avec Saturne « obscurci dans son anneau
lointain » et, par une cristallisation fréquente
dans les mystagogies, devient l'Homme aux
sept clefs, d'abord, finalement, saint Pierre
prince des apôtres ou concierge du paradis. A
l'opposite, dans la sphère inférieure, l'Homme
ailé (saint Luc), l'Aigle (saint Jean). A l'horizon, la Couronne (*Stéphanos* = saint Etienne,
protomartyr), Orion et ses trois étoiles (les Rois
mages).

De même que, plus tard, grâce au manque
absolu de culture des hagiographes, Bacchus
déchiré dans le pressoir deviendra saint Denis
portant lui-même sa tête coupée, ce qui représente, certes, un fardeau peu banal, puis
l'armée encombrante des martyrs céphalophores,
tandis que certaines épithètes propres au dieu
de la vendange : *Rustique, Eleuthère,* assume-
ront la dignité de bienheureux dans le ciel
nazaréen ; de même, les phénomènes cosmi-
ques, grâce à la bêtise christicole, sont devenus
les acteurs des stupides récits et des fables
niaises attribuées à Jésus par le troupeau d'esclaves qui l'a fait dieu.

Le Noël médiéval gardait un souvenir atténué des origines solaires. Le Bœuf et l'Ane y participaient : l'un, comme issu du Taureau (le *Hom* des Perses), puis du Bélier (*Agnus dei*), par la précession des équinoxes ; l'autre, en sa qualité d'infatigable auxiliaire du laboureur, du vigneron et du meunier. C'était un reste de la zoolâtrie primitive dont les ornements des cathédrales : perroquets à tète de singes, griffons, hircocerfs, béliers ityphalliques, mulets baudouinant des religieuses, témoignent encore à nos regards.

Le lendemain de la Noël, mené dans le sanctuaire, l'Ane entendait la messe, tandis que les préchantres, en latin barbare, exaltaient ses vertus quidditives : la patience et la sobriété. Enfin nous retrouvons dans les Saints innocents tués, disent les Evangiles, par Hérode-le-grand (lequel mourut quatre années avant la naissance probable de Jésus-Christ), ces pâles fleurs d'hiver que détruisent les tempêtes et le gel incléments, si bien que Fortunat, pour chanter leur gloire, ne trouve d'autre image que celle d'un tourbillon emportant des roses naissantes.

Humanisées, abâtardies par le christianisme,

les fables antiques devinrent, aux époques sans instruction de la monarchie française, des motifs de décoration et des prétextes à ballets. Diane, Apollon et Minerve fournirent à Boileau des rimes pédantesques. Les scénarios de Molière nous font connaître que M. Le Grand devant Louis XIV, « dansait Neptune », en habit de gala.

★
✦ ✦

Les dieux sont morts. Nul ne songe moins que nous à leur rendre la vie. L'Homme reste debout sur leurs décombres, avec ses énergies et ses défaillances, l'Homme qu'il sied d'entraîner à la vie sociale et dont il importe de faire un esprit indépendant, un ferme citoyen. A la famille d'abord, puis à l'Etat incombe une œuvre sacrée : instruire les enfants, leur donner des mœurs libres et douces, leur inculquer l'amour des humbles et l'exécration des oppresseurs. La naissance, la puberté de l'être humain, c'est la Noël qui ne doit pas finir. Entre Lucine et Vénus, l'adolescent grandit. La marche du soleil règle les jours de sa croissance et, bientôt, lui confère ce privilège sublime « de perpétuer l'Humanité ». Dans son églogue à Pollion,

Virgile, poète sacré de l'Italie, a tracé un plan d'éducation d'après les âges de l'homme, — depuis la prime enfance où l'être à peine formé, entre les mains des aïeules, reconnaît d'un sourire la jeune mère attendrie, jusqu'à la vieillesse où, grandi par l'expérience et par la douleur, il accède aux pacifiques magistratures — que rien ne surpasse en logique ni en beauté. C'est le contraire de l'ascèse inepte et féroce du Moyen Age, du « castoiement » perpétuel qui courbait le disciple sous les verges et l'entendement sous l'absurdité. Le poète latin, au contraire des sectateurs du péché originel, n'estime pas que la terre puisse rendre à son maître futur des honneurs excessifs : « Vois, — dit-il — osciller le Monde sur l'axe de sa sphère, et les terres, et les espaces de la mer, et le ciel profond. Vois l'Univers ! Il se réjouit de celui qui doit venir ».

La Grèce avait déjà fourni le type de cette pé-dagogie sans seconde où l'éphèbe, sous le regard ami des hommes et des dieux, était promu à la vie indépendantes des libres républiques. Aux portes du gymnase, Hermès attendait l'enfant sorti du foyer maternel, quittant, pour la première fois, sa maison et la noble nourrice « Le dieu lui demandait — atteste Michelet —

« ce que désire son âge, ce qu'il aime et ferait.
« Quoi? simplement deux choses : gymnastique
« et musique, le rythme et le mouvement ».

Cette « musique », pour la Grèce clairvoyante,
résumait l'éducation tout entière ; cette musique laissait à la jeune âme sa native candeur,
lui permettait de croître et s'épanouir en toute
liberté. De là, cette aimable aisance que Taine
admirait si fort dans les jeunes gens de Platon.
Ces écoliers discutent familièrement avec Socrate. Leur admiration n'est point servile. Aucune trace d'embarras ne se montre dans leurs
discours. Le poète des *Nuées* évoque délicieuse-
ment leur souvenir, quand, le front ceint de roseaux blancs et devisant avec un bel ami de leur
âge, ils aspiraient, sous les platanes reverdis,
la bonne odeur du mois de mai. Aucun surme-
nage ne déformait leur esprit ingénu. De la pa-
lestre où leurs muscles affermis en sculpture vi-
vante menait à sa perfection l'orgueil des formes
humaines, ils gagnaient le gymnase et, dans
le langage le mieux fait qu'aient jamais pro-
féré les habitants de la terre, s'exerçaient aux
luttes oratoires, en attendant les grands jours du
tribunal ou de l'agora. Soldats, marins, juges,
diplomates, ils intégraient pleinement leurs acti-

vités sociales et physiques; c'étaient des hommes, au sens le plus large et le plus compréhensif du mot.

Combien loin de ce radieux apprentissage les mornes étudiants asservis à la discipline des temps chrétiens! Exténués, fourbus, idiots sous la férule du docteur asinaire, abrutis de scholastique et de latin de cuisine, tremblant devant l'autorité du maître, ils rabâchaient la stupide leçon dictée par les sorbonnistes, par ces « hommes obscurs » que, d'une ironie pénétrante, stigmatisa Ulrich de Hutten. L'Eglise, dans la fleur humaine, tuait le fruit de la pensée et le germe de la révolte. La grande empoisonneuse mêlait de pesants narcotiques au miel aigre dont elle rassasiait ses nourrissons. L'Ane de la crèche, dans la cathèdre de Jeannotus, présidait à la Noël des écoliers.

Mais, au déclin du Moyen Age, le bon François Rabelais, de son rire formidable, conspua le supplicié du Calvaire, souffleta Jésus et ses horribles suppôts. A l'*antiphysis* du christianisme, il opposa la nature simple et bienfaisante. Il offrit « le lait des tendresses humaines » aux lèvres si longtemps frottées d'encre et de pain moisi. Rien de plus fort ni de meilleur que son Pantagruel. Un printemps de sève débordante y fleurit sous le ciel bleu. La nef d'Utopie entraine vers la sagesse et vers la joie ses rameurs suscités de l'exécrable nuit. Elle cingle à pleines voiles et, majestueusement, aborde aux temps nouveaux.

La Révolution française dont nous procédons comme procèdent les fils de leur mère, la Révolution française qui nous a recréés et, derechef, promus à la dignité d'hommes, couronna ce périple, dressa pour nos fils des tentes que nous défendrons jusqu'à la mort. Par elle, nous avons reconquis le droit de vivre, d'aimer et de comprendre, de magnifier, sous les yeux des étoiles, un Noël de science et de fraternité.

Mais ce n'est pas tout que de grandir, de se rendre un homme libre et de continuer la race. L'embryon qui, demain, sera l'être pensant et réfléchi, adopté par le hasard des forces créatrices, ne peut acquitter sa dette, ne se peut libérer envers la Grande Mère qu'en restituant à l'univers, dont il a pris la vie, un peu de force agissante et de ferme raison. « L'Homme est la mesure de toutes choses », affirmait Protagoras. Qu'il dresse, un jour, vers les astres un front qui ne se courbe plus, et d'où Psyché, guérie enfin de tous les mensonges, s'envole au clair azur : alors, seulement, il aura vécu et n'aura rien usurpé. Il sera le reflet et la mesure du monde, l'hiérophante du temple idéal où s'unira le genre humain dans un transport d'amour et de bonté.

Ainsi, nous édifierons le sanctuaire de la pensée instaurant pour nos héritiers des jours de miséricorde et de bonheur. A cette œuvre notre existence même doit être dévolue. C'est sur une tête saignante que fut bâti le Capitole, et c'est une douleur féconde que celle qui prépare l'avenir.

Montesquieu définit la Loi : « un ensemble de rapports nécessaires dérivant de la nature des choses ». Donc, cette loi n'est autre que la nature elle-même. Nous déférons à elle seule ; nous n'entendons obéir qu'à ses commandements. En dehors d'elle, il faut briser tout principe d'autorité, détruire l'obéissance dans le for intérieur, religion et morale. Vivre est l'unique devoir que nous enseigne l'exemple instructif et admirable des animaux. Il est plus glorieux, certes, de « mourir comme un chien », après une existence bien remplie, que de mourir comme un saint ou même comme un sage !

Il la faut détruire la funeste obéissance dans

l'ordre civil : armée, tribunaux, famille, et dans
l'ordre économique, en rendant le capital à la
communauté des hommes. Il faut, comme les
Albigeois, offrir la coupe au peuple, la coupe
où fermente le breuvage sacré de la connaissance et de la joie. Il faut du soleil intime que
nous portons en nous allumer le foyer tutélaire
où viendront prendre place les pèlerins du monde
entier. Ainsi, nous conformant au plan de l'U-
nivers, nous connaîtrons les heures joyeuses
de Noël, d'un Noël véritablement humain.

*
* *

Voici que parcourant les demeures du zodiaque et, de l'un à l'autre pôle, conviant la
Terre à l'indéfectible joie de son retour, le soleil
détermine à la fois le rythme des saisons et l'ordonnance de la vie sociale. Il marque les travaux et les heures, le temps des semailles et
des labours. C'est lui qui triomphe inlassablement
des ténèbres, sous ses figures multiples et ses
avatars sans nombre. Il est Phœbus, Athys,
Adônis, au printemps. Il préside à la Pâque¨
(*pesçah pascé*, passage des ombres à la lumière). Jupiter, en été, il reçoit, en automne,

Perséphoné dans son sein, tandis que le soleil
d'hiver, Osiris, conduit les âmes défuntes vers
les juges de l'Amenti, comme son frère Hermès
guide leurs pas incertains aux prairies d'aspho-
dèles. Et les saisons humaines suivent le cours
des saisons planétaires. A l'avril de la jeunesse,
au thermidor fougueux de la virilité succèdent
bientôt les crépuscules brumeux d'octobre, la
vieillesse, apportant, avec les cendres et les
glaces, l'inutile regret des beaux jours envolés.

Mais la constante palingénésie du soleil in-
vaincu nous enseigne à ne désespérer point de
l'immortalité. Non cette immortalité bouffonne
des sanctuaires et des philosophies spiritualistes
qui promet à l'homme un recommencement in-
fini de sa personne actuelle, une survivance de
la fonction après que l'organe est aboli. Ces
rêves ineptes ont fait couler plus de sang, amené
plus de désastres et de ruines que tous les fléaux
ensemble: pestes, guerres, inondations, famines
ou incendies. Laissons-les aux nègres les plus
simiesques, aux jésuites raffinés. Qu'elles mora-
lisent les papous et délectent les catholiques! Ce
n'est pas dans l'ombre vague d'un jardin (tel
est, au propre, le sens du mot *paradis*), ce
n'est pas dans un jardin chimérique situé hors

du *cosmos*, Olympe, Walhala, Champs-Elyséens ou Jérusalem céleste, que nous avons placé notre immortalité. Périssent les feuilles, chaque novembre, et que tombe l'arbre lui-même, après dix fois cent ans ! La forêt subsiste et l'essence du chène gigantesque ne meurt pas. Que l'oiseau de l'Iran porte la dépouille des trépassés à Ormuz libérateur ! Que le bûcher triomphal de Rome ou de l'Hellade consume les ossements des héros ! Psyché voltige sur leur cendre. Psyché, c'est la pensée humaine, la conscience des races qui, transmise de génération en génération, affermit les peuples dans l'héritage spirituel de leurs aïeux, dans le souvenir des luttes ancestrales pour le juste et pour le beau.

Nous passons, éphémères détenteurs d'un moment lucide. Ombre et poussière, quand arrive pour nous l'inéluctable fin, nous retournons au néant ; nous retournons, pour mieux dire, à l'être universel où se désagrègent les formes, où les germes recommencent leur devenir, aux matrices permanentes où la vie accomplit le cycle harmonieux des renaissances et des destructions.

Qu'importe ! l'humanité se perpétue ! Des ruines amoncelées sous ses pas, des pièges tendus à sa crédulité par les malfaiteurs de toutes

sortes, des crimes que lui imposèrent les religions infâmes et les patries aussi infâmes que
les religions, elle s'évade, chaque jour, poursui-
vant sa marche ascensionnelle vers un siècle
meilleur. Une étoile indéfectible la précède,
illuminant, comme Sirius, les longues nuits de
son hiver. Hélios a franchi le solstice de décembre. Il monte victorieusement à l'horizon.
L'humanité célèbre son Noël. Féconde et répa-
ratrice, dissipant les phantasmes de l'erreur et
les équivoques de l'obscurantisme, l'Anarchie
se lève pour le châtiment des fourbes, pour l'hu-
miliation des bourreaux et des tyrans, pour
l'exaltation fraternelle des opprimés.

Et nous aussi, que les jours à leur déclin ad-
monestent de ne plus compter sur les années
périssables, nous chanterons, à notre tour, le
cantique du soleil, ce cantique dont les aryas
nos pères saluaient l'aurore au pied de l'Hima-
laya et que François d'Assise, ivre d'amour,
adressait au faux rédempteur de Bethléem.

Astre roi! Soleil pacifique! surgis donc et réconforte de ton advent les nations laborieuses!
Toi dont le cours instruit les hommes, leur en-
seignant l'industrie et le travail ; toi qui, par ta
chaleur enclose dans la houille et les métaux,

fomentes l'activité des peuples, brille sur la cité d'amour que devancent et préconisent nos désirs.

Jadis, dans ta gloire d'après-midi, Héraclès, vainqueur des monstres et des fléaux, sur les sapins embrasés de l'Œta, ô bienfaiteur des Ephémères, tu regagnas les maisons du ciel et te perdis somptueusement dans le sein de ton père : *Dyaus-pytar*, *Zeus-pater*, dieu le père, c'est-à-dire l'air apaisé, l'azur limpide qui, sans la coopération d'aucune femme, engendra et mit au monde, d'abord Pallas, la Raison clair-voyante, puis Thémis, la Loi indestructible. Ton frère. Prométhée en est issu. Descendant de la Justice, il a pris les hommes en pitié, leur a fait connaître les arts qui permettent de vaincre les forces naturelles et d'accéder à la vertu. C'est pour cela que les dieux l'ont mis en croix.

Mais la philosophie d'Hercule, mais l'exemple de Prométhée vivent toujours. Ils resplendissent à l'horizon du monde, plus hauts que le Caucase, plus admirables que l'Œta. Soleil d'équité ! Soleil de lumière intérieure, tu revis dans le juste dont la face réjouit les constellations ! Nous marchons à ton rayonnement. Hier, c'était pour délivrer l'innocent, captif du mensonge catholique et de la scélératesse militaire, l'infortuné coupable

seulement d'appartenir à la race qui fournit,
pour son malheur, un pendu aux adorations du
monde chrétien. Aujourd'hui, demain, toujours,
ce sera pour traquer dans ses cavernes le prêtre
empoisonneur d'âmes, stuprateur d'enfants, le
prêtre escroc et maléfique, chancre hideux,
vengeur de l'ignominie bourgeoise ; pour souffleter le drapeau, cette loque boueuse et sanglante,
et le soldat parangon de tous les assassins.
Éclaire-nous ! Sous tes rayons, les bêtes de la
nuit, fétides et rampantes, s'enfuiront épouvan-
tées. Fertilise, pour les nations à venir, un sol
moins réfractaire, une glèbe plus amie ! Que,
dans les plaines et les champs communs au
genre humain, croissent des gerbes nourricières
et de consolantes fleurs !

Et, quand la mort aura fermé nos lèvres,
amorti ce foyer d'enthousiasme libertaire que
l'âge ne peut éteindre en nous ; quand tes flammes purificatrices boiront ce vain simulacre où
brûlèrent tant de saintes ardeurs, luis à jamais
sur la cité délivrée, sur l'Icarie des temps meilleurs où monteront les tribus affranchies : tels,
jadis, les nobles architectes de Dwaravàti, acropole de Brahma, conduits par un oiseau d'heureux augure et de chant mélodieux ; sur la ville

aux fontaines permanentes, aux habitacles fraternels ; sur la Rome future que, seuls, gouverne-
ront, loin des riches immondes et des pontifes sacrilèges et des prétoriens bestiaux, l'amour et la
concorde, la raison et la justice, et toi, bienheureuse paix, rachetée enfin, comme, jadis, te
montrait Aristophane, des spélunques et des ténèbres où te dérobèrent si longtemps à nos
regards la jalousie et l'animadversion des autres
dieux.

Vers toi, soleil, soleil toujours nouveau-né,
vers toi jaillira l'hymne de gratitude que, saufs
des douleurs paternelles, chanteront en plein
ciel les fils que nous aurons semés, les fils de
notre amour et de nos peines, cependant que
les tourbillons de l'universel foyer t'apporteront,
avec les chœurs et les parfums de Cybèle ra-
jeunie, la pieuse allégresse du banquet où
l'Homme, à jamais débourbé des dogmes et des
lois, communiera, dans une agape généreuse,
avec l'humanité.

Loge Diderot (Salon des familles).

CONTRE LES DIEUX

(7 ventôse, an 109).

Pour escroquer au tâcheron le loyer de sa peine ; pour exercer, parmi les enfants ou les femmes, leur luxure et leur despotisme ; pour s'attribuer les plaisirs de la richesse et de l'amour, sans accepter la loi du travail ni les charges du foyer ; pour vivre béats, entretenus, malfaisants et redoutés, les prêtres et les rois ont imaginé d'abord de dérober à l'homme sa conscience, de lui suggérer tant de bêtise, de poltronnerie et d'aveuglement que, docile entre leurs mains, il fût prêt à toutes les renonciations, à toutes les hontes, capable, désormais de sacrifier des enfants à Moloch, des jeunes filles à Diane, des hérétiques et des juifs aux Trois Personnes, et la pudeur du président Loubet au Sacré-Cœur de M. Paul Deschanel.

Depuis les âges fabuleux des sociétés primitives, sous l'écrasement du surnaturel, des fantômes créés par leur imagination, les hommes saignent, pleurent, s'abêtissent devant les autels où paradent leurs crimes, leurs passions et leurs appétits divinisés. La succession des temps ne modifie pas ce goût des enfants de la terre. Sciences, fusion des races, découvertes, rapprochement des peuples, rien n'y fait.

Dans les cavernes de son esprit, le triste roi du Monde garde les mêmes croyances absurdes, les mêmes cultes ridicules ou hideux. Les religions dites éclairées sont exactement au même étiage de bassesse que les plus dégradants fétichismes. L'amulette, le gri-gri, la relique et le talisman font voir la même préoccupation et la même absence d'idées chez ceux qui les emploient. Le tasmanien demandant à son idole cravatée de dents humaines la pluie ou le beau temps n'est pas au-dessous de M. Brunetière qui croit que la Vierge Marie a, comme Isis ou Dévaki, enfanté Dieu sans le secours d'aucun mâle. Et cet autre académicien, Coppée, qui se tamponne d'eau de Lourdes pour aveugler sa fistule et devenir roi de France, ne

s'élève aucunement au-dessus des aléoutes qui
crient dans le but de faire accoucher la Lune ou
le saumon se prendre à leurs filets. Quand les
missionnaires, commis voyageurs de l'obscurantisme, que la Défense républicaine abreuve
d'honneurs et couvre de sa protection, comme
d'ailleurs toute la gent porte-cucule : assomptionnistes et curés, dominicains et vicaires, sans
compter les flamidiens, éducateurs de la jeunesse ; quand les missionnaires vont inoculer
aux prétendus sauvages le mal de Naples l'alcoolisme et le jésuite, ils n'ont, pour chaparder
à ces pauvres gens leurs denrées, aucun effort
d'imagination à intégrer. « Jésus veut faire un
pilou-pilou en l'honneur du Saint-Esprit »,
expliquent-ils aux doux Canaques. Et les
ignames, le mouton, les poules d'abonder. Le
capucin ou le salutiste déroulent, avec l'assentiment des autorités, les mêmes contorsions que
le derviche ou le fakir. Le grand Lama, dont les
thibétains adorent la fiente, ne commande pas
à des cerveaux plus dégénérés que le pape, dont
Arthur Meyer baise la mule, après l'avoir ferrée
chez Blanche d'Antigny.

* *

.Quels sont-ils donc, ces dieux polymorphes et
multiples qui, sous leurs apparences diverses,
leurs changements- de. costume et de climat,
ravalent à de pareils abaissements la personne
humaine? Quel virus, transmis de siècle en
siècle par les suggestions du prosélytisme et les
assassinats de la conquète, empoisonne les intellects de cette croyance inepte, qu'en dehors du
Monde il existe des êtres s'occupant de l'Homme
et prolongeant, en vue de la récompense ou du
châtiment, un double de son moi décomposé.
Comment les dieux, les lois qui régissent le
cosmos, sont-ils devenus des individus concrets,
des idoles antropomorphes ayant des sourcils
comme Jupiter, des bras sans nombre comme
Vischnou, un lingam comme Priape, un cœur
saignant comme le dieu aimé de Marie Alacoque?

Contre quoi nous battons-nous en poursui-
vant de notre haine ces dieux exécrés?

Contre des êtres réels? — « J'échapperai malgré
les dieux » — dit Ajax, cependant que Vénus est

blessée par le fer de Diomède et que Perséphoné
mange des grenades véritablement.

Ou bien contre de vaines ombres ?

Il ne manque pas d'athées qui, affranchis eux-
mêmes, se soucient médiocrement de ces choses et
de la peine que les autres prennent à se rédimer —
Jules Guesde, par exemple — qui trouvent utile de
respecter, d'entretenir au besoin l'erreur populaire, ou bien qui déclarent la question insigni-
fiante. D'autres, enfin, comme André Chénier,
sont athées avec délices, mais n'éprouve aucun
besoin de faire partager cette délectation à leurs
frères de captivité.

Meilleure est l'action, meilleur est l'anti-
théisme actif, supérieur à l'égoïsme incrédule.
Il faut haïr Dieu pour les autres et pour soi. —
« Dieu, c'est le mal », disait Proudhon, dépas-
sant Feuerbach. — « Ce qui excuse Dieu, c'est
qu'il n'existe pas », attestait, avant lui, Stendhal,
dont Paul Bourget, académicien de bénitier, se
réclame encore comme un garçon coiffeur des
princes dont il a tondu les cheveux.

Oui, les dieux sont des fantômes, des fantômes dangereux et que le fer seul peut mettre
en déroute. Ainsi, l'épée flamboyante des époptes
disperse les méchants esprits. Ce sont des pro-

jections de la pensée humaine, qui l'étouffent
et la dépravent. L'Homme a pour ennemi sa
propre image, — son image étendue à la mesure
de l'Univers — de l'Univers qu'il connaît, bien
entendu.

« La crainte a fait les dieux », atteste Pétrone.
Ce n'est pas seulement la crainte, mais aussi
l'amour. C'est le désir de retrouver, dans un
beau jardin, Champs-Elysées ou Walhalla, ceux
que nous aimons et qui ne sont plus. C'est le
désir de prolonger notre vie au delà de cette
minute lucide et brève que nous accordent les
destins.

Depuis le mort couché sous l'autel domestique, le mort qui boit et mange les mets funé-
raires, la libation faite chaque soir, jusqu'au
vague esprit habitant, au delà des étoiles, quelque sphère indéterminée, les peuples ont tous
cherché une croyance qui, même au prix de
l'abdication intellectuelle, maintienne dans leurs
cœurs un espoir de survie.

★
★ ★

Et c'est d'abord le fétichisme, l'animisme qui
commencent la série, l'échelle des religions, la

gamme de la foi. Les objets extérieurs, l'arbre
« tabou » par le sorcier, la lampe, le seuil de la
maison, puis le double de l'individu habitant
des royaumes inanes (*inania regna*), le spectre :
revenant, lémure, brucolaque, et, plus tard,
moine bourru, se disputent les adorations. On
les honore, on les incante. Les frères arvales
leur jettent des fèves, les illyriens enfoncent un
pal dans les yeux du défunt qui revient à la
brume, sous forme de vampire, épuiser le sang
des cœurs, et les exorcistes humectent leurs
patients d'eau bénite et de saint-chrème.

Vient ensuite l'astrolâtrie, les cultes de Hélios,
de la lune, des étoiles, puis des météores et des
animaux qui, parfois, se confondent.

Ceux du labourage, le Taureau, le Bélier, deviennent des constellations et, dans le sombre
azur des nuits, un Cygne empenné de soleils
étend ses ailes flamboyantes.

Du phénomène cosmique, ouragan, pluie,
rayon ou nuage, l'homme se guinde à l'adoration
de sa propre personne et risque un premier
essai de théologie. Ses facultés se confondent
encore avec les états de l'atmosphère. Le dieu,
tantôt simple modalité de la température, tantôt
personne concrète agissant par des mobiles

humains, évolue dans le cadre peu circonscrit
des mythes primitifs et, lentement, s'incarne
en la représentation de la figure humaine.
Plus tard, Evhémére inaugure la flagornerie
apothéotique d'attribuer aux princes et aux capi-
taines l'origine des dieux.

Cette exégèse, que ne désavoueraient pas les
théologiens de la Compagnie de Jésus, fait assez
voir dans quel abaissement était chu le polythéisme gréco-latin, quand, debout sur le rocher
de Césarée, Paul délia le monde antique de la
servitude heureuse des anciens dieux pour le
ravaler aux genoux du supplicié galiléen.

Cette confusion des phénomènes célestes et
des sentiments humains dans la cristallisation du
personnel ouranien n'est, en aucun endroit, plus
tangible que dans la gamme des dieux aériens
et des dieux ignés, chez les Grecs, nos éducateurs et nos pères. Ainsi que l'a judicieusement
noté Louis Ménard, que la mort vient d'arracher
à l'admiration des poètes et des penseurs, le
panthéon hellène, revêtu plus tard d'une suprême
beauté par le génie des rhapsodes, conserva longtemps sa physionomie élémentaire. Même dans
Homère, où les textes primordiaux sont addi-
tionnés de surcharges modernes, les dieux ne

se distinguent pas très nettement du phénomène
auquel ils sont amalgamés. — « On pose les
cuisses de bœuf sur Héphaistos » — « Il pleut
dans Zeus » — Héra, le ciel inférieur, se que-
relle avec son époux, le ciel d'en haut, et, pour
s'unir à lui, sur les pentes de l'Ida, enveloppe
leurs amours d'une brume pluvieuse.

Venu tard dans le panthéon de l'Hellade et
sorti comme Phébus, le roux chasseur, des
lourds doriens, Héraclès garda longtemps son
aspect solaire, tantôt dévorateur et tantôt bienfaisant. Il est la gloire de l'air, le soleil d'après
midi, antagoniste irréconciliable de Héra. Il
est la force héracléenne qui déchire le sol et
fait croître les épis. Il porte les attributs solaires. Comme Indra, comme Apollon destruc-
teur de la serpente Pytho, il triomphe de
l'élément humide sous la forme du reptile,
hydre de Lerne, etc., élément qui, bientôt, le
résorbera dans son hypostase féminine, en
vue des prochaines fécondités. Comme Phœbus, Indra et Ormuz, il est purificateur. Sa
généreuse lumière, ses flammes embrasées em-
portent les miasmes et dessèchent les bour-
biers. Il est archer. Par son adresse au tir, il
obtient la fille d'Eurytos, Iolè, la mer violette.

L'Hercule assyrien Nisip est représenté dardant
de très haut ses flèches vers la terre et, sous
cette figure, devient, au mains des Phéniciens,
Melkart, divinité poliade, commerçante et maritime. Il triomphe aussi de Géryon, fils de Kal-
lirrhoé (la pluie) et de Krysaor (la foudre) ; il
soumet à sa vigueur Antée, fils de Poséidon et de
Déméter, personnification du nuage orageux.
Dieu d'après midi, il confine au crépuscule et
partant au monde silencieux des tombeaux. Tel
qu'Indra vainqueur des Asouras, il descend aux
enfers, perce de flèches son ennemi Hadès qui
l'avait emprisonné, image du soleil échappé aux
ténèbres, pareil aussi à l'Hercule hébreu,
Samson (*schimechon*, petit soleil), soulevant
les portes de Gaza, initiateur du mythe si sotte-
ment plagié par la résurrection du Christ.
Parallèle à Hermès, voleur des troupeaux d'A-
pollon, il dérobe les vaches de Géryon, nuages
roses du couchant.

Dieu psychopompe, il ramène les âmes des
noires profondeurs, comme Osiris ou Hermès.
Il redonne à l'époux désespéré Alceste revivante.
Contrairement au Sùrya védique, au Phébus
hellène, tous deux chastes, il convoite sans
répit l'élément humide et féminin, où se brisent

l'énergie des forts, la puissance génératrice du mâle. Omphale, Déjanire et l'éphèbe Hylas, dieu des fontaines, accumulent sur sa route les expiations imméritées. Son plus tenace amour, Déjanire, — issue du fleuve Achéloos, le nuage, — dont il s'éprend pour son malheur, lui est ravie par le centaure Nessus, autre image du soleil. Mais, dieu quasi-crépusculaire, il tue Nessus, le rayon, et meurt de son trépas. Son attrait pour les fluides l'entraînant vers un nouvel objet, Iolè, la mer pourprée du soir, Déjanire l'enveloppe dans une trame de brouillards qui, s'enflammant avec lui sur le bûcher symbolique de l'Œta, porte son âme secourable et douce au plus haut de l'éther.

Quand, l'Olympe écroulé, après tant de ruines et de deuils, ses pâles divinités n'eurent plus qu'une existence officielle au panthéon latin, quand Héraclès déchu se contenta de présider aux instruments aratoires, le mythe d'Hercule prit un essor nouveau dans l'enseignement de l'École stoïcienne. Hercule humanisé montra l'exemple à ses frères de douleur, l'exemple du travail fécond, de la souffrance injuste noblement supportée. Pour les siècles à venir, il posa la suprématie indiscutable de la Loi. Sa

,passion active est justement le contraire des *pathémata* dissolvantes et pleureuses des dieux syriens : les Athys, les Zagreus, les Adonis ou· .les Jésus. Loin de débiliter le cœur, elle montre ce que peut le juste sous l'outrage. Elle confronte à la vertu de l'Homme l'iniquité des dieux. Elle enseigne la morale unique survivant à tous les mensonges des églises et des écoles : « Servir le beau, faire le bien et ne jamais désespérer du vrai. »

Par là, cette noble légende d'Hercule se rattache à notre sujet. Ce n'est pas un horsd'œuvre.

Elle est le fond même de l'enseignement que j'espère que nous sortirons de cette étude.

* * *

Ce n'est pas une histoire des religions que vous attendez de moi. L'heure n'est point aux spéculations, à l'étude patiente, à la confrontation des textes abolis. Quand la louve romaine aboie à notre porte, quand la réaction cléricale verse à flots le venin de ses intrigues et de sa propagande; quand le nationalisme, comme un onagre enragé, caracole dans les

rues ; quand tel ignoble antisémite pousse au
meurtre les imbéciles grisés par ses mensonges
de cuistre inquisiteur ; quand les métis, rebut
et résidu de toutes les races humaines, maltais
comme Régis, bretons comme Guérin, ameutent
les chiens de l'antisémitisme contre le labeur
juif ; quand, là-bas, à Montceau-les-Mines, ago-
nise le droit du prolétaire et de l'ouvrier, trahi
par le socialisme gouvernemental, ce sont des
paroles casquées, des mots de combat qui
doivent jaillir de nos poitrines.

Revenons cependant aux dieux. C'est à leurs
côtés que se livre le plus fort de la bataille et
que les coups portés subrepticement par leurs
chevaliers scélérats égorgent le meilleur de nos
troupes.

Quand l'officier est repu, gorgé de victuailles,
de rapines et vins, il se fait bon prince. Il couche
volontiers dans les maisons de tolérance dont
il partage la recette. La fille Pays le maintient
en belle humeur.

Le prêtre, lui, s'acharne davantage. Il raffine
sur l'atrocité, avec un goût pour le mal en lui-
même que le soldat ne connaît point. Quand
l'armée française assassine, à Madagascar, dans
l'Indo-Chine, en Tunisie, c'est pour voler tout

simplement. Le clergé national ajoute à cette aubaine l'agrément de voir souffrir.

L'armée est une troupe de bouchers, le clergé une école de bourreaux. Entre ces deux cambrioleurs, le général Frey et l'évêque Favier, qui déménagent les Boxers — nationalistes jaunes — au profit de leur escarcelle, tenez pour certain que l'évêque est un malandrin encore plus avide et plus déprédateur que le soudard.

Dès que l'homme a revêtu de la pourpre divine ses complexions et ses idées, la théologie est faite, un nouveau facteur de misère et d'oppression institué. Artémis se délecte à voir couler des rivières de sang ; Kali écrase sous son char les multitudes prosternées, cependant que le rouge Witzliputzli hume avec délice l'odeur qui s'exhale des monceaux de cadavres jetés sur ses autels. Partout des vierges, des enfants, de beaux jeunes hommes sont offerts en hostie à la faim irrassasiable des Puissances inconnues.

*
* *

Mais, bientôt, les divers monothéismes et polythéismes se fondent dans le christianisme,

fosse de compost, où viennent s'agglomérer,
fermenter et renaitre les dogmes antérieurs.
C'est la grande sentine de l'aberration religieuse.
A la fois syncrétisme et secte, l'Eglise de Jésus
absorbe tous les autres dieux. Elle est la seule
qui ne s'accorde avec aucun peuple, avec aucun
gouvernement. Toutes les religions, étant par-
tielles, gardaient une part de vérité. Le Christianisme seul est mensonge de part en part, —
toto cœlo, disait Schopenhauer.

Les effets désastreux s'aggravent à mesure
que la série évolue vers un seul créateur, vers
un dieu métaphysique. Du fétichiste au païen,
du païen au christicole, grandit la concupis-
cence de la mort. La destruction est propor-
tionnée à l'étendue croissante du miracle, à
l'importance de plus en plus grande et rémunératrice de l'intermédiaire sacré : obi, tala-
point, derviche, pope ou confesseur à la mode.

Le fétichisme terrorise l'homme avec l'objet
sacré, mais inerte, avec son double renaissant
qu'apaisent quelques fruits. Le polythéisme
sacrifie la vie aux auteurs de la vie. Mais le
monothéisme sacrifie bien plus, la pensée à
l'auteur du fait. Non content de demander à ses
adeptes leur sang et leurs richesses, le christia-

nisme exige d'eux encore l'abandon absolu de leur intelligence. Religion des abrutis, il emprisonne quiconque se permet de penser.

L'Inquisition verse le sang comme de l'eau. Juifs, maures, savants, hérétiques, la torche sinistre que porte dans sa gueule le limier du Saint-Office brûle et réduit en cendres tout ce qui témoigne de la conscience humaine. L'infâme Dominique massacre un peuple entier. De Muret à Fanjeaux, trois siècles sont empestés par l'horrible fumée des bûchers albigeois.

Et, de nos jours, à Montjuich, la hideuse mégère qui, sur le trône d'Espagne, accomplit les basses œuvres du Gesù, inflige par la main de ses Portas, de ses Henri Marzo, des tortures obscènes aux libertaires de Barcelone, l'honneur, la gloire même de ce misérable pays.

Les dieux sont les plus cruels antagonistes du bonheur humain. Ils détruisent la pitié, la volonté. Ils substituent le miracle à l'effort. Ils proscrivent le travail qui libère et grandit le travailleur. Ils rendent l'homme docile à toutes leurs incarnations : patrie, famille, propriété, à ce qui déshonore et brise pour jamais l'instinct des rebellions généreuses.

Dieu est pire que les dieux. Sa méchanceté

s'est accrue ; la servilité de même, en proportion de la tyrannie. A présent, les souteneurs
de Dieu l'appellent « Autorité ». Or, l'Autorité
n'a pas de plus ferme appui que le soldat. Non
ce routier des temps héroïques, marchant la tête
nue et l'épée haute sur les champs de bataille
et dans les villes prises d'assaut, gonfalonier du
meurtre, porte-étendard de la cruauté organisée
qu'éclairait la rougeur des incendies et l'aube
sanglante des jours de combat ; mais un rond-
de-cuir ténébreux, un faux témoin dont la parole est plus abjecte que l'ordure des chemins.
Tel est l'officier moderne que l'Église bénit et
que recherchent les grandes héritières.

La sidération de la ferblanterie patriotique est
tellement puissante que, pour opérer, elle n'a
même pas besoin de revêtir une brute courageuse. Nul besoin d'être même un beau voyou
pour mettre en chasse les cuisinières et les duchesses de la Patrie française, toutes les âmes
de servantes qui acclament Déroulède et rede-
mandent l'ignoble Marchand.

Mercier, l'oblique faussaire que Picard et Zola
surent empêcher de devenir empoisonneur.
Mercier, bandit plus hideux que Dumolard et
plus lâche que Barrès, a pour lui toutes les fe-

melles nationalistes, habituées des grands bars
et des paroisses élégantes, pensionnaires des
maisons chaudes et des confessionnaux. Ces
chiennes, en 1804, applaudissaient le condôt-
tiere incestueux auquel la France dut le Concordat et la réduction de ses frontières ; en 1816,
on les voyait

> Aux regards d'un cosaque étaler leur poitrine
> Et s'enivrer de son odeur.

Ce que leurs petites-filles ont recommencé
naguère, au temps de l'alliance russe et des vi-
sites que fit au mamamouchi Félix Faure, notre
petit père et escroc, le tzar Nicolas II, avec une
innocence éperdue de chèvres en amour.

Derrière le sabre et l'ostensoir, un autre dieu
se cache plus redoutable encore, seul motif
d'exister du prêtre et du soldat. C'est Plutus,
c'est Mammon, — le Capital, si vous dépouillez
de ses attributs mythologiques le principe de la
ruine, de l'abrutissement et de la douleur.

L'Argent a détrôné les dieux qui ne sont que
ses esclaves et ses fonctionnaires. A notre tour,
nous briserons l'Argent.

⁎

Quand Prométhée, avec des liens de bronze et des clous de diamant, fut enchaîné au sol générateur du fer, aux âpres cimes du Caucase ; quand les esclaves de Zeus, la Force, la Violence, et Mercure à la langue perfide, eurent épuisé sur le martyr les sévices impitoyables et les outrages ancillaires ; quand il se vit renié par le lâche Océan et que Iô, victime errante du persécuteur céleste, eut mugi sa plaine éternelle auprès du roc où se taisait le grand crucifié, cependant que la foudre et les carreaux du tonnerre s'abattaient sur lui avec de rauques grondements et que le chien ailé de Zeus, l'aigle sanglant, dévorait son foie impérissable, le titan châtié pour avoir eu pitié des Éphémères se dressa, et plus haut que la tempête ennemie, que les fulgurations de l'orage et que le hurlement des fleuves débordés ; il jeta vers l'Olympe un cri sublime de révolte et de détestation.

Prométhée, c'est l'industrie humaine, c'est la pensée, l'art et la science, que traquent dans leurs cavernes, leurs bois sacrés, leurs temples, leurs églises et leurs chaires, les dieux menteurs, les dieux sanguinaires, les dieux larrons, éternels ennemis de l'Homme, de la justice et de la beauté. En attendant qu'il se délivre lui-même, Prométhée nous affranchit.

Dans l'ordre cosmique, c'est lui qui, d'un coup de hache, ouvre sous sa couronne de nuées, le front ténébreux de Zeus, l'air chargé de pluie. Son audace fait jaillir Athèna, l'éther immarcessible, l'azur qui, par delà tempêtes et cataclysmes, garde la sérénité limpide, le calme pacifiant de la lumière immortelle.

Athèna, c'est l'outremer du ciel, le bleu chaste des matins de printemps. C'est aussi la déesse de la raison qui guide le navigateur, inspire le poète, endoctrine l'artiste, élève l'orateur et fonde la cité. Son clair regard chasse les ténèbres et, sur la mer à jamais apaisée, fait taire le conflit des bourrasques et la démence des vagues. Elle assigne devant la conscience humaine l'iniquité des dieux. Elle fait absoudre par l'aréopage, au nom d'un principe supérieur, Oreste que souille encore le sang des veines maternelles. « Prévoyante » comme celui qui l'engendra, elle pose les lois éternelles des peuples civilisés, le droit, l'équité sainte, qui permet de braver le tyran, d'affronter les supplices, la dé-

rision des lâchés, les sales avis des personnes
prudentes, et de souffleter Dieu.

C'est elle qui, plus tard, dans la sombre cave
de Mayence, au milieu des presses informes et
des caractères grossiers de Faust et de Gutten-
berg, inspira le souffle de la Renaissance et pro-
duisit, au déclin du Moyen Age, l'imprimerie
victorieuse, l'imprimerie antagoniste des superstitions et des bassesses de la foi, l'imprimerie
qui renverse les dogmes, les croyances, les morales, tout le vieil édifice des hommes obscurs,
et fait fondre le granit des cathédrales, comme
fondent, au mois de mai, les glaces de l'hiver.

Rien que le juste n'est divin. C'est le mot de
Socrate pensé devant la colline d'Arès, sous les
yeux perçants de la déesse qui porte l'égide et
dont la chouette clairvoyante discerne, dans les
ténèbres, chaque malfaiteur embusqué.

Rien que le juste n'est divin. C'est le mot
d'Epictète, de Jean Huss, de Vanini, de tous les
confesseurs de la lumière et de la liberté. C'est
le mot des tueurs de rois, de Hartmann, de Sophie Perowskïa, d'Angiollilo et de Bresci. C'est
le mot de nos vengeurs et de nos saints.

Les bienfaits de Prométhée ne se bornent pas
à émanciper la lumière, à balayer le firmament.

Cet accoucheur magnanime du jour serein apporte à l'homme le feu, maître des arts, le feu premier agent de l'industrie. Par un sacrilège bienfaisant — et tout sacrilège mérite le nom de bienfait, pour cela seul qu'il est un sacrilège — il dérobe à la jalousie des dieux l'étincelle bénie où va s'allumer le foyer humain. Forgeron, potier, constructeur, tisserand, il organise la défense de l'homme, puîné débile des titans, contre les météores. Puis, ayant préparé la terre et fondé le droit, sur l'argile que sa main a modelée amoureusement, il impose, sous la forme légère d'un papillon, Psyché, l'intelligence lucide et pure, Psyché qui voltige à travers les fleurs de la connaissance et dans l'air libre de l'amour.

L'Homme n'a plus peur des fantômes. Il ne craint plus son ombre ni l'écho de sa voix. « Troupeau jadis raillé des dieux », il a dispersé les Olympiens et fait le jour dans le Tartare. Il revomit les déités créées à son image. Et, dans un effort suprême, il s'exempte à la fin du dieu cruel et tyrannique, du dieu sournois héritier de tout l'opprobre divin : Jésus qui prêtait à Mammon son masque de douceur bêlante, de niaiserie dégradée et son obéissance ignominieuse.

Tabernacle ou coffre-fort, l'Homme délivré
atteindra les dieux jusqu'au fond de leur sanctuaire, déchirera les voiles et brisera les arches
où se cachent les puissances malfaisantes qui,
trop longtemps, l'ont asservi. Il les suivra, ces
misérables dieux, comme des sangliers immondes, à travers les forêts pleines de terreur et
d'excréments, jusque sur leur fumier séculaire
pour les en débusquer à jamais et purifier de
grand soleil leurs bauges nauséeuses.

La flamme qui alluma le bûcher d'Héraclès,
le charbon incandescent que son frère Prométhée rapporta dans le nartex sonore ont pour
jamais détruit le monde extra-sensible. L'Argent
avait domestiqué les prêtres et leurs idoles ;
nous reconquerrons l'Argent ; nous pousserons à
la voirie les idoles ; nous cracherons notre mépris à la face louche et hideuse du prêtre. La
richesse qui, stagnante, engendrait mille maux
comme une onde croupie où fermentent les instincts sordides, les vices et les crimes, la richesse reconquise et déprisonnée portera ses
dons à la terre féconde. Au lieu du marécage
pestilent, ou du glacier implacable, le fleuve aux
eaux riantes s'épandra parmi les herbes vertes
et les jeunes moissons.

Le surnaturel en fuite, la misère disparaîtra bientôt. Le prêtre, le soldat, tous les hommes entretenus, les voleurs de salaires, inutiles et malfaisants disparaîtront à la même heure, ceux qui impanent l'Absolu dans les pains à cacheter et ceux qui traînent par les villes, avec une insolence de ruffians heureux, les bancals de l'assassinat.

Les hommes en jupons et les hommes en cote rouge auront à jamais repris leur rang dans l'estime publique, bien au-dessous du croupier, du *leno* et du voleur de grand chemin.

La menace de Prométhée s'accomplira ainsi. A vous, jeunes hommes robustes féaux de la révolution internationale, à vous de briser la chaîne infamante des religions et des patries. A ceux qui vous parlent d'un idéal menteur, attestez l'unique devoir d'aimer, de vivre et d'être bon. A ceux qui vous parlent du drapeau, montrez les taches de boue et de sang qui maculent cette loque mensongère. Travaillez, comme disait Marc-Aurèle. Travaillez à parfaire l'œuvre de Prométhée, à mettre un peu de clémence dans l'habitacle des humains, à multiplier autour de leur

âge transitoire ces fruits de douceur et de beauté
que porte la généreuse Anarchie en ses mains
réparatrices : le vrai, le juste et le bien, l'indépendance et la lumière, la miséricorde et le
pardon.

CONTRE LES PATRIES

(23 prairial, an 109).

Ce serait une erreur de croire que la religion seule abrutit les intellects et déshonore les mœurs. Certes, le christianisme, religion de l'occident, porte en soi tous les germes de bassesse, d'abjection et de laideur. Le catholicisme surtout, forme essentielle du christianisme dans les pays latins, confère à ses adeptes une ordure si éminente, qu'il semble au-delà des forces humaines d'ajouter quoi que ce soit à leur abaissement. Les théophages gavés d'eucharistie ; les fidèles de Montmartre ; les vieilles hystériques, dévotes à l'organe du pendu galiléen ; les obscènes confesseurs éduqués sur les gestes de l'alcôve et la délectation morose, flaireurs d'eaux de toilette et donneurs d'eau bénite ; les « bonnes sœurs » qui, sous couleur de charité, volent

comme des pies et ne rendent aux pauvres gens
qu'une misérable partie de leurs larcins ; les ex-
ploiteuses d'enfants du Bon Pasteur et autres
lieux ; la troupe grugeuse des talapoints fétides,
curés, vicaires, archevêques, aumôniers, — sans
compter les moines de toutes robes, noirs jésuites
ou grotesques dominicains, les nonnes grises,
bleues, blanches et canelle, composent un effec-
tif auprès de quoi les chiourmes les plus mal fa-
mées sont des assemblées chevaleresques, des
symposium d'honnêtes gens. Les médecins qui
attestent les miracles de Lourdes ont à coup sûr
franchi les bornes de la turpitude, innocenté les
bagnes et virginisé les faussaires. Les belles dames si heureusement cuites au Bazar de la Charité, les fils des croisés qui tapaient sur elles,
tandis que brasillait le hangar de M. de Mac-
kau, le père Olivier qui se réjouissait en chaire
de cet accident tout à fait négligeable, le bétail
des salons, des jésuitières et des mauvais lieux,
sont en réalité fort au-dessous des peuplades les
plus viles. Un boschiman, un aléoute n'est-il pas
très supérieur aux escrocs de Saint-Antoine de
Padoue, à la clientèle stupide qu'ils font chanter
sous les regards favorables de MM. Lépine et
Puibaraud ?

* *

Eh bien, l'ignominie peut descendre encore de quelques degrés. Le civilisé peut tomber plus bas encore, au-dessous du dernier cannibale, au-dessous même de la brute et du pur animal. S'il ajoute à l'exécrable idée de Dieu, l'idée bouffonne et scélérate de patrie, il ne lui reste plus rien à conquérir dans le domaine de la bestialité. Cependant que les écrivains, penseurs, philosophes, économistes s'efforcent de rendre l'homme à la raison, à la fraternité que son intérêt, à défaut d'autre mobile, prescrit comme une loi primordiale d'existence ; tandis que le grand Tolstoï, et les doukhobors du Caucase, et les magnanismes anarchistes, s'efforcent de vomir le patriotisme et d'abaisser les frontières, il n'est pas une crapule, un souteneur, un failli, qui ne s'incline devant le drapeau et ne porte à cette guenille infâme, à cette guenille boueuse et sanglante, les génuflexions bordelières de son indignité.

En France notamment, le personnel du chauvinisme se recrute dans les bas-fonds les plus

4

nauséeux, dans les égouts les plus fétides et les.
cloaques où le soleil se tait. Au faite, ce sont
les misérables hors-d'âge, les reliquats de
toutes les ambitions inavouables, depuis ce
Jules Lemaître, sophiste entretenu par l'antique paillasse de Girardin, de Lalou et de cent
autres, jusqu'à Drumont, ancien mouchard de
l'empire, et Coppée, vase d'élection acadé-
mique, dont la fistule unit au saint chrême le
beurre du cacaotier. En bas, les tripiers de Guérin,
les garçons d'abattoir, les tenanciers de lupanar,
tout ce qui vient du claque ou s'abrite dans la
sacristie, les ignorantins et les dégrafées, le
clergé de Saint-Sulpice et les abbesses de gros
numéros, les chanteuses de beuglants, comme
Yvette Guilbert, épouse d'un youtre allemand,
ou les bonnes à tout faire, comme Gyp, Marie-
Anne de Bovet et Jean Lorrain. Il n'est pas un
laveur de vaisselle, pas un larbin, pas un cocher
de maison qui n'arbore les bleuets antisémites
et n'affiche le portrait de Gamelle dans les vespasiennes du quartier. Ces gens adhèrent à la
patrie française, heureux de voir leur nom resplen-
dir auprès de Quesnay de Beaurepaire et d'Edmond Blanc, le sémite croupier de Monte-Carlo.
Cette populace crie : « Vive l'armée ! » beugle :

« Mort aux juifs ! » et promène son irréductible
turpitude sous les trois couleurs du chiffon national.

Nous, nous sommes avant tout des sans-patrie et faisons de ce titre le plus glorieux ornement. Naguère, au meeting organisé en faveur
des écrivains russes, je revendiquais cette gloire,
de n'être ni français, ni allemand, ni juif, ni
chrétien, d'être simplement un homme, citoyen
du monde et compatriote de l'Humanité.

Oui, nous sommes des sans-patrie. Nous ré-
pudions toute accointance avec le troupeau nationaliste, plus éloignés mille fois de ces bandits
et de ces jocrisses, que des peuples lointains qui
vivent à nos pieds. Nos frères, ce sont les travailleurs, qui préparent des jours plus humains,
les révolutionnaires, qui déchaînent les multitudes et frappent au cœur les ministres ou les
rois, les anarchistes qui, par le fer, par le feu,
nous vengent en attendant qu'ils nous sauvent,
tous les champions de l'idée internationale et de
l'effort libertaire.

Nous appelons de vœux ardents le cataclysme
réparateur, l'invasion secourable qui, brisant
enfin le moule des nationalités, rendront le
monde sans limites ni frontières aux familles hu-

maines, mesurant la terre de promission aux
bornes du globe, aux confins seuls de l'univers.
Oui, nous sommes des sans-patrie. Nous ne
reconnaissons de frères que les sages qui, par le
fait ou la pensée, travaillent à la délivrance future, à la cité de justice et d'amour ; qui, régicides, écrivains, anarchistes, combattent la société bourgeoise et, d'un glaive couronné de
myrthe, la frappent en plein cœur.

⁂

La patrie, — du moins ce que la *Ligue des
Poires* appelle de ce nom, — la patrie ne fut pas
toujours ce que pense Mme de Martel, un haras
où les officiers plus ou moins gradés tiennent
l'emploi d'étalons, et les troubades, celui de pal-
freniers. Non. L'idée de patrie qui, après l'idée de
Dieu, est celle dont l'humanité a le plus souffert,
tient à des racines profondes aux superstitions
originelles des siècles primitifs. La patrie, la
terre des ancêtres *(terra patria)*, fut, dans les civilisations antiques, le sol même où résidait le
double, l'ombre des aïeux.

Pour offrir à cette ombre, aisément irritable,
le repas funèbre, la libation dont elle se repaît,

il faut que sa lignée demeure dans l'enclos où
le mort fut inhumé. Les rites commémoratifs,
les *sacra*, ne peuvent être célébrés que par la
gens du défunt, de même que les « justes noces »
ne peuvent avoir lieu qu'entre citoyens du même
état. Mais les tombeaux s'amoncellent. Bientôt
le jardin mortuaire s'emplit de corps super-
posés,

> Abîme où la poussière est mêlée aux poussières,
> Où sous son père encore on retrouve des pères,
> Comme l'onde sous l'onde en une mer sans fond.

Les habitants émigrent, colonisent, vont au
loin fonder quelque cité nouvelle qui verra
croître ses murs, tandis que la métropole ira vers
le déclin. Mais ils ne peuvent déserter le foyer
ancestral sous peine de sacrilège. Aussi convient-
il que la terre paternelle soit incorporée aux fon-
dations de la jeune bourgade.

Quand Romulus, fondateur légendaire, eut
délimité l'enceinte de Rome et tracé le *pomœ-
rium* de la ville à bâtir, il enfouit une motte du
terroir albin dans le foyer commun. Sur la terre
des ancêtres, sur le chef sanglant d'une victime
surgit le Capitole demeure de la stabilité de Ju·
piter.

Ainsi la patrie était fondée, qui bientôt donne-
rait des lois au monde.

Cette forme héroïque et religieuse de la patrie
suppose une culture, des traditions. La science
augurale des étrusques, les rites de la confé-
dération latine, avaient préparé son avènement.
Rome n'eut qu'à progresser dans la voie où ses
fondateurs l'avaient mise.

*
* *

Il faut remonter beaucoup plus haut, si l'on
veut toucher les premiers éléments du patriotisme. Le motif primordial, et sans doute le plus
honnête motif que l'homme ait eu jamais d'égorger son ennemi, c'est l'envie assez plausible
d'en faire un ou deux repas. De tous les patriotes
le cannibale est à coup sûr le moins odieux.
Cuit ou cru, engraissé dans le *teocali* des sacri-
ficateurs mexicains, pimenté convenablement
d'épices, ou bien dévoré tout pantelant, comme
les lionceaux des Bacchantes, le prisonnier de
guerre, le vaincu, offre aux conquérants une forte
nourriture.

Mais quand on a dîné, lorqu'on a bu le lait
fermenté des juments, le suc des herbes eni-

vrantes, il faut bien se distraire un peu. Les
jeunes spartiates donnaient la chasse aux hélotes,
et les seigneurs chrétiens du moyen âge faisaient
courre le vilain par leurs limiers.

Nos sauvages ont eu l'intuition de ces gen-
tillesses.

Le prisonnier amusait grandement. On lui
plantait des épines sous les ongles, on lui
tranchait les paupières, en le faisait cuire à petit
feu. Le génie de l'Inquisition, la verve des
chaouchs, sous la troisième république, imaginent seuls des tourments plus raffinés. La torture
des captifs est un divertissement public dont
s'égaient les femmes peaux rouges au seuil de
leur wigwam, comme les chiennes du faubourg
Saint-Germain s'amusaient, après la Commune,
à planter le bout de leurs ombrelles dans les
yeux des fusillés. Les prisonniers, chair à plaisir,
chair à tortures : leur supplice égaye les noces
royales. Des jeunes filles leur percent les joues
avec les épingles de leur chevelure. Cela se
passe de même chez les scythes d'Hérodote et
chez les ases de l'Edda.

Parfois c'est une régression vers le gorille
omophage, comme chez ce bandit de la Basili-
cate dont Lombroso a noté l'observation, La

Gala qui, dans son appétit de chair humaine, prélevait sur soi-même des lambeaux saignants qu'il dévorait tout crus avec un féroce plaisir.

Tantôt la vengeance assume, chez les hordes guerrières, les caractères de l'anthropophagie :

« Elle me conduira, Kenwarck, jusques au lâche
« Qui t'a troué le dos sous le cap de Penn'hor ;
« Je lui romprai le cou du marteau de ma hache
« Et je lui mangerai le cœur tout vif encor. »

Tantôt, l'immolation du prisonnier avec accompagnement d'estrapade, d'essorillement, de fouets, d'entraves, d'huile bouillante et de plomb fondu, a pour but d'apaiser les dieux ou d'aiguiser la lubricité du vainqueur. L'être supérieur est immolé pour l'intérêt des inférieurs : c'est Alceste, Iphigénie, Polixène ; c'est la fille de Jephté. Quelquefois il est réduit en esclavage et rend à son maître les humbles soins de la domesticité. Pyrrhus emmène Andromaque « à travers les flots nombreux » et Nabuchodonosor déporte dans Ninive des tribus d'Israël.

A ces mœurs féroces et candides succède la conquête romaine. Le pillage s'organise. La patrie a sa raison d'être, désormais. « On ne fait

la guerre que pour voler », disait Voltaire et,
peu de temps après, la Grande Armée, celle de
Napoléon que Georges Thomas, dit Esparbès,
chamarre de solécismes, déménagea l'Europe.
Qu'étaient les chauffeurs de la Beauce Fleur-d'E-
pine et le beau François au regard des maré-
chaux de l'Empire, de Soult, de Junot, de tous
ces cambrioleurs dont les noms infâmes souillent comme une ordure l'arc et les avenues de
l'Etoile ? Ils avaient plus de courage que
Galliéni, plus de tournure que Marchand, mais
égalaient en avidité criminelle ces deux virtuoses
modernes de la pince-monseigneur.

*
* *

« Il y a dans la guerre un élément mystique
qui ravit les foules ». Il y a aussi une luxure
effroyable, la luxure de la mort, le goût des
atrocités que développe, jusqu'à la démence,
l'exercice de la force brute. Il serait injuste de
croire que les officiers de l'armée française
sont exclusivement des sacristains, des voleurs,
des faussaires ou des proxénètes. Ils sont aussi
des bourreaux de tout premier ordre. Notre
camarade Dubois-Desaulle, qui a pu échapper

aux géhennes des compagnies de discipline, grâce à l'énergie surhumaine dont il est pourvu, Dubois-Desaulle qui mène avec tant d'éclat et de dévouement une admirable campagne anti-militariste, fournit quelques exemples qui ne laissent pas le plus léger doute sur la valeur des officiers envisagés comme tortionnaires.

Ces anecdotes manquent un peu de gaieté. Elles feraient comprendre à M. Boni de Castellane que le fait d'habiter sous la même courtine que Mlle Jay Gould n'est pas la pire des douleurs. Une seule donnera la mesure et suffira pour illustrer mon discours.

« En 1896, un détachement de la deuxième compagnie fut envoyé à El-Berd pour édifier un poste optique. Quelques indigènes y travaillaient avec les disciplinaires. Un jour du mois de janvier 1896, un indigène, nommé Mahmoud, prit un bidon et but à même quelques gorgées d'eau. Le disciplinaire à qui il appartenait, mécontent de cet acte, prit l'Arabe à partie et, finalement, lui arrachant le bidon des mains, lui en jeta le contenu à la figure. L'Arabe se plaignit immédiatement au chef du détachement, le sergent Jouglas. Ce dernier appela le fusilier et, le ligotant avec des cordes enduites

de savon et fortement serrées, le fit exposer au
soleil.

« Le supplice commença à une heure de
l'après-midi. Sous l'effroyable pression des
cordes, les chairs des bras et des jambes se
tuméfièrent, les efforts du patient pour échapper à l'implacable ardeur du soleil firent en peu
de temps éclater la peau. Le corps entier — il
était ficelé comme un saucisson — se zébra de
plaies rendues encore plus douloureuses par la
morsure du savon. Jusqu'à cinq heures, le
camp fut rempli par les hurlements du supplicié, placé devant la tente de Jouglas ; celui-ci
défendait d'approcher.

« Les quelques hommes employés au camp,
effrayés par le revolver du chaouch, n'eurent
garde d'enfreindre sa défense, et quatre heures
durant, le camisard subit l'affreuse torture.
Mais, à l'heure de la soupe, lorsque les travailleurs revinrent du chantier, la scène changea.
Quelques-uns, parmi les plus hardis, enjoigni-
rent au chaouch de cesser immédiatement cette
scène ignoble. Jouglas, ne voulant rien entendre, tira son revolver, menaçant de brûler
la cervelle au premier qui approcherait du malheureux.

« Deux courageux disciplinaires, au mépris
des menaces de Jouglas, se jetèrent sur le
torturé, coupèrent ses liens ; en plusieurs endroits, les cordes étaient entrées dans les chairs.
Tous les camisards étaient devant la tente
armés de pioches, de pelles, de barres à mine,
de pinces à râper. Jouglas eut peur pour sa peau
et atermoya.

« Les fusiliers, très surexcités par l'épouvantable supplice infligé à leur camarade, se révol-
tèrent ; n'écoutant ni les menaces, ni les objurgations du sergent, vingt-deux hommes
partirent dans la nuit, avec armes et bagages,
porter plainte au capitaine Baronnier, à Biskra.

« Jouglas avertit alors tous les douars de la
région, les tribus arabes se mirent à la pour-
suite des fugitifs qui furent capturés, après deux
jours de marche, dans le désert, sans eau ni
vivres. Une escorte d'indigènes armés, sous la
conduite d'un sheikh, les conduisit à Biskra.

« Baronnier réalisa ainsi l'espoir de justice sur lequel avaient tablé les disciplinaires.

« Quatre furent envoyés aux *cocos*. Le reste
passa aux pionniers. Le disciplinaire supplicié
fut seul traduit devant un Conseil de guerre

pour coups et blessures exercés sur un indigène et *menaces* envers un supérieur.

« Cette accusation fut appuyée par de faux témoignages. Mahmoud toucha de l'argent et affirma avoir reçu un coup de poing ayant déterminé l'effusion du sang.

« Baronnier suborna deux *tantes*, le cuisinier et l'ordonnance de Jouglas qui, sur la promesse d'une sortie de faveur, accusèrent le disciplinaire d'avoir menacé le sergent ; la victime de ces odieuses machinations, le supplicié d'El-Berd, fut condamné à cinq ans de travaux publics.

« L'Arabe Mahmoud, qui habite les ksours de Tamerna, avoua à un fusilier que sa déposition lui avait été dictée par le capitaine et qu'il en avait reçu de l'argent. Ce fusilier est libéré maintenant ; il est boulanger à Pont-sur-Yonne. »

La Nature, qui pourvoit l'homme d'un appareil fécondateur, lui donne en proportion le goût de la tuerie. Vitzliputzli, Moloch, Irmensul, dieux de la génération, dévorent des troupeaux humains. Et c'est encore la Diane de Tauride à qui sa prêtresse immole saintement les naufragés. C'est Arthémis Orthia que dé-

lecte le sang des vierges ; c'est le dieu de Cortez,
de Pizzare et de Torquemada, recevant pour
encens l'horrible nuage des autodafés. Ajoutez
comme élément d'horreur pieuse l'idée de propitiation qui va des massacres collectifs (Maures,
Juifs, Cathares, Albigeois) aux malpropretés
séraphiques des bienheureux coprophages qui
dégustant des ulcères ou buvant leurs propres
déjections. Car le prêtre sournois ne tarde
guère à intervenir, écumeur de tous les massacres, prêt à vendre son intervention illusoire
au vainqueur, au vaincu, n'importe, à celui qui
paie le mieux.

*
* *

Voilà donc les deux principaux mobiles de
l'idée de patrie : le massacre, le vol. Les bases
sont la race ou communauté de sang, puis la
communauté de lois et l'intégrité du territoire.
La race à laquelle Drumont fait semblant de
croire existe-t-elle dans le conglomérat français
où tous les peuples de l'Europe sont représentés
à peu près en proportions égales : sémites avec
les basques, les juifs, les phéniciens, les arabes
peu nombreux ; indo-européens avec les ligures,

les celtes, les gaulois, les francs, les goths,
et les burgondes.

Quand on voit, dans les campagnes, une population bien ignare, bien brutale, mais où les
individus se ressemblent tous, on dit qu'il y a
de la race. Chez les perses, la pureté du sang
était garantie par l'inceste. Chez les athéniens,
les autochtones avaient seuls le droit de porter
la cigale d'or dans les cheveux, privilège que
n'obtinrent jamais les métèques, étrangers
domiciliés.

Or, Thémistocle fut un métèque ; Eschyle,
un juif de la maison phénicienne des Géphyres,
ce qui explique l'accent profond, le lyrisme
biblique de ce génie si proche parent des nabis
d'Israël. Zénon fut un sémite admis à domicile.
Dans toute l'Europe, la noblesse est de source
germanique. Les francs étaient supposés gou-
verner les Gaules par droit de conquête. La race
avait péri ; le milieu subsistait. Aussi Joly de
Fleury disait : « Le Tiers n'est qu'adventice
dans la constitution ». Le Tiers c'est vous,
c'est moi, tout ce qui n'est pas noble comme
le jeune Wiener dit Croisset, ou surhumain
comme Barrès. » A quoi Sieyès répondait dans
le *Tiers-Etat* : « Ah ! ce sont 200 000 allemands

qui nous possèdent. Reléguons-les au delà du Rhin. »

Les races royales sont en France tout aussi « nationales » que les faussaires de l'Etat-Major, ces officiers de trahison, apparentés à toutes les monarchies de l'Europe, et dont Urbain Gohier déduit avec une sagacité vaillante les origines féodales. C'est pourquoi Estherazy semblait avoir quelque raison, lorsqu'il disait : « Si le président de la république ne me rend pas justice, je m'adresserai à l'empereur d'Allemagne, le chef de mon blason ». Et c'est l'internationale des soudards, non moins redoutable que l'internationale des cafards. Comme l'île Laputa, dans Gulliver, la ville où réside le pape est pendante sur le monde secondaire. C'est ce que M. René Pinon, cacographe à la *Revue des Deux-Mondes*, appelle un « intérêt surnational ». Quant aux soudards, ils se tiennent prêts à faire sauter des ponts, à piller des récoltes, à mettre à mort le plus de gens possible pour la grande gloire de leurs armes et de leur Sabaoth.

Le principe romain qui gouverne encore les mœurs publiques de la France, communauté des lois, intégrité du territoire, mène à la natu-

ralisation universelle. Caracalla proclame citoyens tous les habitants de l'Empire. Michelet
dit'à ce propos : « Rome se vit des romains de
toutes couleurs, noirs, d'Afrique, jaunes de Syrie,
verts du Palus-Méotides : des romains de Lybie
et des marais de la Frise ».

Pareille à Caracalla, voici que la France
accueille le rebut des quais d'Alger, Max Régis,
le ruffian équivoque. Il en faudra bientôt faire
autant pour les annamites, les tagals et les
moïs. Néanmoins, on arrêtera les bienfaits de
ces naturalisations à outrance aux alsaciens-
lorrains. L'article des Vosges a cessé de plaire.

Les procédés pour instituer les patries : guerre
étrangère, colonisation, représailles, conquêtes,
diplomatie, arbitrage, s'appellent, dans le code
pénal, vol à main armée, bris de clôture, homicide volontaire, assassinat, escroquerie, manœuvres frauduleuses. La guerre civile seule
mérite quelque estime, et le sang qu'elle verse
n'enfante pas exclusivement la stérilité. Car
il est plus légitime de sacrifier un million
d'hommes dans le but de mettre en acte une
pensée généreuse, un idéal d'indépendance et
de beauté, que pour convoyer aux quatre coins
de l'Europe des équarisseurs en uniforme, des

voleurs chamarrés de croix. La gloire du résultat excuse l'horreur des moyens. Criminel
pour criminel, et toute sympathie mise à part,
Ravachol n'est-il pas infiniment supérieur à
Napoléon?

*
* *

Ainsi, d'âge en âge, l'idée imbécile de patrie
renforce en hideur et croît en imbécillité.

Jadis, le tumulte d'Arès emplissait les batailles. Dans l'orgueil matinal de la force et de
la beauté, le jeune héros frappait l'ennemi du
fer aigu de sa lance et le choc des boucliers
d'airain sonnait allègrement. Poitrine contre
poitrine, au chant formidable du péan sacré,
dans la belle prairie de Marathon, l'Hellade
repoussait l'Asie envahissante, et le mède,
traqué par Cimon, ne trouvait dans ses galères
qu'un abri fallacieux.

Puis, ce furent les guerres plus savantes de
Rome, les étapes, les camps, les durs soldats
du Latium promenant sur le monde asservi les
aigles triomphales.

Et les Barbares aussi, quand les Niebelungen
de Pharamond entonnaient le bardit homicide,

connurent les gestes épiques, donnèrent au massacre une impétueuse beauté. Le loup se déchaînait, vigoureux et souple, dans le carnage, dans la mort.

Il appartenait au christianisme d'abêtir la guerre et d'en augmenter l'ignominie.

Les Croisades tiennent, dans les annales de la sottise militaire une place éminente. Le cruel, le stupide Louis IX fut de tout point digne d'être canonisé par l'Eglise. Les Négrier, les Cuverville, les Lajaille et autres pandours de confessionnal ne devraient avoir d'autre patron. Le « Saint-Sépulcre », pour parler comme ces goîtreux, appartient aux musulmans ; de même, les frontières de la France, réduites après la saignée de l'Empire, manifestent l'inutilité du conquérant, même au point de vue des rapines casquées.

Ces résultats consolent et rafraîchissent. Un soufflet sur la joue immonde et scélérate de Louis IX ou de Napoléon, c'est la revanche des intellectuels, des miséricordieux. Paris n'aura pas de plus belle fête que le jour où l'on portera aux latrines la colonne Vendôme et les diverses Jeanne d'Arc qui déshonorent ses promenoirs.

La patrie mensongère d'à-présent ne saurait

grouper sous ses étendards que la lie et le rebut
de toutes les prostitutions. Déroulède, Barrès
sont représentatifs d'une forme crapuleuse
d'internationalisme : l'internationalisme des
congrégations. Le prêtre qui, n'ayant ni maison,
ni patrie, ni enfants, ne peut désirer la stabilité
ni la paix du foyer ; le prêtre qui prend sa
femme au mari assez lâche pour souffrir qu'elle
parle bas à cet homme de nuit ; le prêtre, dont
les fonds secrets obtenus par le dol, sont en-
gloutis en des caisses noires et détournés pour
toujours de la circulation économique, le prêtre
a reçu de Rome un mot d'ordre sagacement ap-
proprié au caporalisme de la France. Depuis
quelques années il se dit patriote. En effec-
tuant les captations d'héritages, les manœuvres
frauduleuses qui sont le fond même, le ressort
majeur de son emploi, il court aux frontières,
il jette la discorde entre les citoyens et, frustré
par la banque juive d'une partie des aubaines
qu'il compte arracher à la niaiserie des personnes
pieuses, il déchaîne contre Israël son patriotisme
de commande. C'est Mandrin qui, pour dévaliser
à son aise les passants, crie au voleur du plus
aigu de ses poumons.

D'ailleurs après nous avoir scarifiés, vingt-

cinq ou trente années durant, avec l'Alsace-Lor-
raine, et la revanche et autres ordures du même
tonneau, la prêtraille nationaliste, les manne-
zingues tricolores, font alliance avec l'empereur
allemand pour aider les missionnaires à cam-
brioler en Chine, à trafiquer sur le meurtre des
petits jaunes et même à dépasser en canaillerie,
en férocité, en déprédations, l'armée française,
elle-même — cette école de l'*honneur*.

* * *

Quand la lutte régnait entre les dieux de la
nuit et ceux de la lumière ; quand le dragon
de l'Iran menaçait l'Hellade et ses libres républiques, ce fut un spectacle merveilleux dont
trois mille ans n'ont pas obscurci la splendeur,
que cette lutte virile d'un peuple si faible par le
nombre, si robuste par la grandeur d'âme, par
le ressort intime, opposant à l'invasion son courage et brisant sur les rochers de l'Attique la
force gigantesque du Grand Roi.

Quelque chose de semblable a paru, de nos
jours, quand les paysans du Transvaal, faisant
échec aux armes anglaises, ont maintenu leur

droit et sauvé la terre paternelle. Ici, la noblesse intérieure apparaît égale, sinon la beauté. Ces laboureurs ont pour eux l'excuse d'avoir défendu leurs champs et leurs maisons contre l'avidité d'un conquérant inique.

Cependant Tolstoï les désapprouve. Les défilés de Blœmfontein valent bien celui des Thermopyles. Mais les soldats de Krüger, comme ceux de Léonidas, ne restent pas moins des brutes criminelles, puisqu'ils donnent la mort à des êtres vivants et préfèrent la destruction aux lents progrès de la raison et de l'amour.

Les palmes, les trophées, le vol éclatant des victoires sur les champs de pourpre, le laurier civique aux tempes du vainqueur ne sauraient empêcher les larmes des fiancées, des mères et des petits enfants. *Bella matribus detestata.* Elles accusent la boucherie en masse et les meurtres guerriers. Ces Anglais couchés là-bas dans les plaines de Johannesburg ou de Prétoria, victimes de l'horrible guerre, n'avaient-ils pas droit au soleil, à l'amour, à la vie ? L'épopée des tueurs d'hommes, en quoi diffère-t-elle du meurtre que punissent les lois ? Pour être versé par des milliers de fratricides, le sang humain ne hurle-t-il pas dans l'ombre, ne hurle-t-il pas comme une chienne sur les tombeaux, quand passe l'égorgeur ?

Même, dans la lumière d'Athènes, lorsque, érigeant sur sa tête un rameau d'olivier, le coureur juvénile apporte cette nouvelle prodigieuse à la cité de Pallas : les perses en déroute, leurs nefs fracassées, la ceinture de vaisseaux, qui déshonorait le détroit d'Hellé, arrachée aux quatre vents de la défaite et du naufrage, Xerxès, du haut de son promontoire, pleurant son armée à jamais perdue et la jeunesse de l'Asie, — quelque deuil enténèbre et fait pâlir tant de gloire, un triomphe si beau. Là-bas, près du tombeau de Daréios, la vieille Atossa lamente et ses gémissements répondent aux vieillards d'Ecbatane. Plaintes, sanglots, soupirs des cœurs navrés ! Sa douleur, cette douleur de mère pleurant ses fils comme Rachel dans Rama, comme, sur le rivage troyen, la veuve de Priam, cette douleur qui ne veut être consolée puisque les bien-aimés ne sont plus, vient d'un si grand objet, d'une source tellement auguste, qu'elle fait taire les cantiques de victoire et que son ombre obscurcit jusqu'au matin pérennel de Salamine.

POUR LES ECRIVAINS RUSSES

(20 floréal, an 109).

S'il n'était question que de bien dire et s'il ne
s'agissait que d'éloquence, je déclinerais, ce
soir, l'honneur de prendre la parole, d'apporter
l'hommage des poètes français aux écrivains
russes groupés autour de nous. Poète mineur
et depuis longtemps oublié, poète à qui le citoyen survit, j'eusse volontiers offert à un plus
digne cette place où, près de l'enchanteur Anatole France, près d'Octave Mirbeau le justicier,
un écrivain de ma sorte ne peut monter sans
quelque hésitation. Mais, pour la plupart serviles et domestiqués, les faiseurs de vers, sous
la troisième République, se nourrissent volontiers des épluchures du nationalisme ou de l'ordure antisémite. Ils conservent des bibliothèques,

sollicitent des places, fomentent des pèlerinages
ou servent la messe, quand ils n'offrent pas à
leur belle patrie les solécismes tricolores et les
pétarades héroï-comiques du Tyrtée de Saint-Sé-
bastien. Les poètes! mais c'est Coppée, mélan-
geant au Saint-Chrème les pommades confiden-
tielles qui l'ont rendu à la foi ; c'est le grave
Sully-Prudhomme qui pèse, argumente, délibère
et prend avec conscience le parti du plus fort! Ce
sont les bardes melliflus ou grandiloques de salon, d'antichambre, ceux que Roujon tutoie et
que Leygues décore, ceux qui palabrent dans les
cafés de nuit ou lèchent, en rimes d'or, la botte
des potentats en voyage, devant les ponts inau-
gurés.

Les poètes ! C'est Déroulède qui transvase en
patois de chocolatier l'âme de Gyp et de Barrès ;
qui chante le drapeau tricolore, étendard libérateur de Valmy, à présent devenu l'enseigne des
tripots, des sacristies et des lieux d'honneur. A
ces mâchelaurier, la Défense républicaine prodigue les croix, les sinécures, les prébendes. On
les traduit en petit nègre et en samogitique. Les
belles américaines prisent leurs évacuations à
l'égal du meilleur Jean Rameau ; l'amiral de Cuverville qui, sans avoir l'oreille fendue, consacre

ses mathurins aux archanges, leur concède autant de lyrisme qu'à Théodore Botrel lui-même. Il est vrai que Gustave Kahn, initiateur et maître de la jeune littérature, Gustave Kahn dont j'occupe indument, ici, la fonction de représenter les poètes, passe, dans quelques départements encore, pour un heureux émule de M. Francis Viellé Griffin.

Mais ce qui nous rassemble aujourd'hui, c'est un acte de foi civique, une pensée enthousiaste, un élan vers ceux qui, dans les prisons, dans l'exil, dans la « Maison des morts, » où, depuis Dostoïevski, le tzar met au secret l'intelligence, la bravoure de ses peuples, combattent sans trève le combat de l'anarchie et de la raison. Nul d'entre nous n'est trop grand ou trop petit. Quiconque n'est point asservi aux ambitions dégradantes, aux intérêts infâmes, a le droit de manifester hautement dans ces comices de la révolte sainte et de la fraternité. Pour communier de la pitié humaine, des espérances révolutionnaires, il suffit de marcher les mains pures et le front haut, de signer d'un nom exempt de blâme le salut que nous envoyons, ce soir, à nos frères de Saint-Pétersbourg. Ce n'est pas une adresse de la France à la Russie, des jeunes latins aux jeunes slaves, d'une classe ou d'une patrie vers une autre classe ou vers une autre patrie.

Car notre orgueil le plus fier, à nous, c'est d'être sans patrie, d'avoir enfin répudié le mensonge des frontières et l'illusion scélérate des massacres guerriers. Seuls fidèles à la tradition ancestrale, nous demandons à l'histoire d'avoir un sens. Or, la Révolution française, dans son développement logique, aboutit à l'internationalisme comme à la destruction du Capital. Par elle, tous les parasites, les hommes entretenus, évêques, larbins, généraux tenanciers de maisons louches, et les bons propriétaires, et les banqüiers opulents, tous les bourgeois en un mot, lorsque sonnera l'heure de la justice, finiront par rendre gorge et ne souilleront plus la lumière de leur croupissante nullité.

Quant à nous, qui, ayant étudié les annales des diverses monarchies, si copieuses en ordures, en abominations de tout genre, — depuis les massacres jusqu'à la garde-robe, depuis le confesseur et le bourreau jusqu'à l'apothicaire, depuis l'édit de Nantes jusqu'à la fistule de Louis XIV — *nec pluribus impar*, — depuis les dragonnades jusqu'aux amants de Monsieur, aïeul vénéré de Gamelle, depuis la levée en masse

jusqu'aux sœurs incestueuses de Bonaparte —
nous avons cru qu'il importait à notre dignité de
vomir comme une drogue malfaisante le patriotisme ignominieux.

Quand la République se levait pour défendre
contre les rois coalisés la liberté des peuples et
celles de l'esprit, quand, pour écraser en Vendée
ou dans les armées étrangères, les aïeux des Boisdeffre et des Négrier, les volontaires de l'an II
recommençaient le geste des héros antiques, sans
doute, il était beau de marcher sous le pennon
de la France. Mais ceux qui, aujourd'hui, se
réclament de la « Patrie française », comme
ils disent, montrent jusqu'à quel point les aven-
turiers et les pleutres ont dégradé le préjugé
sanguinaire des nations et mêlé de boue à
la pourpre des abattoirs guerriers ! Ce sont,
d'abord, tous les larbins, tous les bookmakers,
tous les bedeaux, les dispensés, comme le sourd
Maurras ou le hongre Barrès, comme Drumont
de qui le bandage fournit au drapeau tricolore
une cravate inattendue ; ce sont les jeunes
amants des vieilles dames, les matrulles pieuses
et les notaires indélicats ; puis, les divers rasta-
quouères, levantins comme Régis, espagnols
comme la Gandara, ou transfuges de Sedom à

l'instar de Jean Lorrain. Cette clique se pâme au nom de la patrie. Le grotesque Arthur Meyer, venu de Francfort pour exercer, auprès de Blanche d'Antigny, le métier de comptable et tenir le grand livre de ses coucheries, Arthur Meyer, le youpin renégat, appelle impudemment la France « sa mère » et justifierait en quelque sorte, par la fabuleuse cocasserie de sa turpitude, les griefs que l'*Antijuif* impute à Israël, si une telle vermine, comme les Pollonais ou les Mézieres, n'étaient pas dans une égale abomination chez tous les peuples civilisés.

La Patrie française? Ce sont les faussaires de l'État major, les cambrioleurs de l'expédition de Chine. Ce sont les bourreaux intentionnels qui, sans nous (car chacun de ceux qui ont versé leur sang et leur âme pour cette juste cause ont le droit d'en revendiquer l'honneur), eussent perdu à jamais l'innocent et malheureux Dreyfus. Ce sont les cuistres vaniteux qui s'énorguellissent de fréquenter chez la princesse Mathilde ou d'apprendre, chez Mme de Loisne, comment Jules Lemaître accommode les restes de Lalou et de Girardin. La Patrie française! c'est tout ce qui est lâche, voleur ou prostitué, tout ce qui vit de pourboires et de des-

serte, qui déjeune d'eucharistie et dîne de re-
tape ; les chrétiens d'écurie, les gentilshommes
de lupanar et de confessionnal, les généraux
de bagne et les écrivains de dépotoir. Cette
patrie, nous la désavouons, pleins de dégoût,
de mépris et de haine. De tout cœur, nous
appelons sa fin, le jour miséricordieux qui,
dans un cataclysme surhumain, abolira son opprobre, édifiant la patrie nouvelle de la raison,
de la justice et de l'amour.

Aussi, le pacte que nous contractons, en ce
lieu, n'a-t-il rien de commun avec la parade
franco-russe, honte éternelle des deux peuples.
Cette danse de Saint-Guy, ce délire de singe,
ces effusions de babouins en amour, avec quoi
la population parisienne accueillit, d'abord,
l'amiral Avellane, puis, le tzar lui-même, ce
malfaiteur étriqué, ne nous ont émus qu'à la façon d'une horrible nausée. Nicolas II qui venait
escroquer l'argent français pour asservir plus
étroitement son peuple, Félix Faure, gaudissart
mégalomane, qui demandait à l'autocrate de mu-
seler en France la révolution dont il était sorti,
ont donné au monde un spectacle bouffon et la-
mentable : l'alliance de la peur, de l'argent et
de l'obscurantisme, en vue des massacres futurs.

Ils ont comploté, ces tyrans, ces drôles et ces voyous, l'écrasement profitable des travailleurs ou des insurgés.

Cette coalition de toutes les puissances contre l'idée libératrice, l'appel aux armes de l'étranger pour étouffer dans le sang les révoltes d'où jaillira bientôt l'universelle concorde, c'est le geste quidditif du nationalisme. Valets du tzar, soldats du pape ivres de domesticité, l'adoration du sabre, le culte de la force dompte l'avarice des patriotes de jésuitière et dénoue les cordons parcimonieux de leur bourse. Rien ne leur semble trop cher pour entretenir le prêtre qui abrutit les âmes et le pandour qui chourine à propos les besogneux.

Nous détestons la guerre et nous préparons la réconciliation universelle. Mais nous ne sommes point des pacifiques. Nous apportons au vieux monde l'apaisement ou le combat, prêts à laisser tomber le pli du manteau de Fabricius, à défendre, par le glaive, les intérêts sublimes dont nous nous sommes constitués les gardiens. Nous ne sommes russes, ni français. Comme le Posa de Schiller, nous sommes, avant tout, les citoyens du monde, les eupatrides et les champions de l'humanité. Nous sommes

l'armée de la pensée contre l'armée des appétits, de l'athéisme contre la superstition, de la
vérité contre l'imposture, du droit contre l'iniquité. Nos héros, nos martyrs, Louvel, Jessa
Helfmann, Angiollilo, Hartmann, Sophie Perowskaïa, les régicides magnanimes nous ont
montré l'exemple. Ils nous ont enseigné le geste
qui délivre. Au prix de leur sang généreux, ils
nous ont fait connaître que, pour un esprit déterminé, le fer d'Harmodios peut toujours, quel
qu'il soit, atteindre le despote, Harmodios dont
la gloire éternellement subsiste pour avoir
frappé le tyran devant l'autel de Pallas et rendu
Athènes à ses propres lois.

* * *

Mais il est d'autres armes que la bombe ou le
poignard. Le livre tout puissant affranchit les
consciences et relève les cœurs. Une pitié dou-
loureuse, une indignation sans borne gonfle nos
poitrines au récit des tortures que subissent
les écrivains nos frères, zélateurs comme nous
de la pensée libératrice. Tolstoï, persécuté
pour avoir prêché la loi d'amour, un évangé-
lisme si peu chrétien qu'il aboutit aux mêmes

conclusions que les esprits scientifiques, atteint
une beauté morale, supérieure même à son génie. Des littérateurs, des journalistes, des étudiants, fouettés, emprisonnés, martyrisés par la
police et par l'armée prête, là-bas comme ici, à
toutes les besognes dégradantes. Le fils terro-
risé d'Alexandre III, le poltron sanguinaire, le
jeune homme oblique, valet du saint Saint-Synode, tzar mongol comme les héritiers de Gengis
Khan, et chef de bureau transcendantal comme
Napoléon Ier, instaure la terreur dans le domaine
de l'esprit. C'est « le grand remède asiatique »,
suivant l'expression de Joseph de Maistre. Mais
on n'étouffe pas un mouvement intellectuel
comme on assassine un autocrate. La raison a
la vie plus dure qu'Alexy Petrowitch ou que
Paul Ier. Ni la déportation ni les peines corpo-
porelles n'empêcheront l'élite russe de venir à
nous. Qu'importe le knout ou la Sibérie à qui
lutte pour la justice et pour la vérité ? Comme,
autrefois, Yaroslaw contraignant ses peuples au
baptême en masse et les plongeant dans les eaux
du Dnieper, Nicolas II, le jeune monstre, baptisera, demain, la Russie indépendante dans le
sang des martyrs. Le mot du grand duc Mi-
chel : « Il ne faut en Russie qu'un tzar et des

paysans », ne sera plus qu'une sottise monarchique tombée en désuétude.

Et c'est à nous, libertaires d'occident, que la
Russie nouvelle prêtera des renforts. Ici, dans
notre pays ravalé si bas par la faction cléricale
et qui ne se souvient plus de son xviii° siècle, la
liberté se fera par importation étrangère. Car,
tandis que nous acclamons les tueurs de nègres
et de chinois, les faux témoins, les escrocs et les
bandits, Mercier, Marchand ou Galliéni, les pays
asservis au plus morose despotisme secouent
leur joug avec une ardeur que les politiciens
ont, depuis longtemps, amortie en France. Tandis que nous écoutons le père Coubé sans lui
cracher au visage, l'Espagne lapide les jésuites
et magnifie Perez Galdos.

Nos alliés en Russie, vous le savez, camarades,
ce sont, d'abord, les étudiants. La presse révolutionnaire a-t-elle exagéré le mouvement, ainsi
que le prétendent les journaux immondes? Il
faut espérer que non pour la gloire de l'espèce
humaine. Les *raskolnicks* ont le droit de parler
haut, d'affirmer les revendications des opprimés.
Nos alliés, ce sont encore les juifs, élite de la
Russie comme de tout l'orient, et même d'une
partie de l'occident. Mais, depuis quelques an-

nées, les juifs apostats déshonorent, chez nous, le
renom d'Israël, tandis que leurs frères que le
parasitisme du faubourg Saint-Germain n'a point
contaminés, représentent, dans le domaine des
tzars, le travail, l'industrie, le commerce et le
savoir, le lien des peuples, la famille civili-
satrice, l'Hermès du nord et de l'orient.

Mais nous possédons encore une deuxième ca-
tégorie d'alliés en Russie : l'orthodoxie grecque
et le tzarisme impérial. L'orthodoxie grecque a
cela de bon que, les popes étant mariés, les fils
de prêtres, instruits, ambitieux, pauvres et mé-
prisés, figurent en tête de chaque insurrection.
Le ministre réformateur d'Alexandre Ier, Spe-
rowscki, était l'un d'eux. Le tzarisme a cela de
bon qu'il a éliminé des esprits toute dignité à
l'occidentale, toute chevalerie. Donc, pas de
faux honneur mais l'homme en présence de sa
conscience et de son idée. Le meurtrier avoue
son forfait dans la *Puissance des ténèbres*, dans
le *Crime et le Châtiment*, dès qu'il se croit obligé
à cet aveu par des raisons intérieures. Ceci est
la vraie force de l'âme russe : admettre qu'une
théorie que l'on sent vraie se doit immédiatement réaliser dans la pratique, à l'inverse des
occidentaux qui tiennent les idées pour un di-

vertissement hors de la vie réelle. D'où, les conséquences logiques déduites, sur le champ, des
principes : refus du service militaire par les
doukhobortzis, travail manuel de Tolstoï, eunu-
chisme des *skoptzis* et le malthusisme intégral
de la *Sonate à Kreutzer*. Les slaves n'ont pas
la foi spéculative. Ils la transforment en action,
la réalisent dans leurs œuvres. Ils l'opposent
victorieusement à toutes les formes du despotisme et de la nuit.

* *
*

Qu'elle nous porte, cette foi dont vous nous
montrez l'exemple, jusqu'à la terre de promission où tendent nos désirs. Écrivains russes,
poètes, romanciers, publicistes, les écrivains
français, comme vous épris de justice et d'indépendance, vous offrent par notre voix l'hommage de leur fraternité. Nous assumons vos
douleurs et partageons vos espoirs. C'est pour
un même idéal que nous combattons, les uns et
les autres, unis dans les haines comme dans les
amours. Notre but c'est l'affranchissement des
esprits, la conquête du bonheur, la fédération

internationale des peuples délivrés. Certes, la route est longue. Plus d'un, sans doute, succombera sur le chemin. Mais vous, jeunes hommes, serviteurs de la révolution en marche, puissiez-vous atteindre à la cité bienheureuse, d'où les temples, les casernes et les tabernacles de misère seront à jamais exclus.

Entrez-y, porteurs d'un rameau pacifique d'olivier, comme autrefois, dans Athènes, le messager de Salamine, mais sans expirer comme lui. Dites, alors, à ceux qui viendront après vous, nos combats de l'heure présente, les luttes que soutinrent vos aînés pour affermir la victoire du jour sur les ténèbres, de la civilisation sur la barbarie, de l'esprit scientifique sur les dieux malfaisants, pour assurer le triomphe sur l'égoïsme de la clémence et de l'équité.

LA COCARDE VERTE

(23 messidor, an 109).

Le dimanche, 12 juillet 1789, Paris s'éveilla
au bruit des chevaux et des armes, dans le cli-
quetis militaire, le fracas d'une invasion.
Dragons, hussards, le Royal-Allemand du
prince de Lambesc, les Suisses du baron de Be-
senval, toutes milices dévouées à la cour, à
l'Autriche, à tout ce qui n'était pas la nation
ou le peuple, du pont de Sèvres à la barrière
de Vincennes, de Saint-Denis au Champ-de-
Mars s'abattirent comme une troupe de vautours. Depuis le 23 juin et les menaces du roi,
un malaise sans nom pesait sur la ville, une
angoisse d'avant l'orage annonçant le premier
coup de foudre, l'éclair prémonitoire de la Révolution. Par une rencontre singulière, deux

placards émanés l'un de Versailles, l'autre du
« passionné Marat », invitaient au calme, exhor-
tant les citoyens paisibles à demeurer chez eux,
à s'abstenir de violence, à éviter les rassemble-
ments. Par les Champs-Elysées, croates et
pandours, l'armée de l'Autrichienne descendait
lentement, vers la place Louis XV, tandis que
des rumeurs confuses, des bruits incertains,
augmentaient l'angoisse prophétique, l'énerve-
ment de tous. « Le pavé brûlait, le sol était
comme une mine, vous entendiez déjà gronder
le volcan. » (Michelet).

Au Palais-Royal, se précisait encore l'agita-
tion publique. L'attente d'un événement inéluctable faisait houler des vagues d'hommes
entre les marronniers, roussis déjà par la saison. Le palais, où Monsieur promena ses favo-
ris, le jardin, témoin des amours incestueuses
de Philippe et des soupers immondes que la
Palatine stigmatisait avec sa crudité biblique
de luthérienne mal convertie ; le Palais-Royal,
est, à présent, devenu le centre, le foyer des
émois populaires, une sorte d'agora où l'on
parcourt les gazettes en buvant du café. Ce dimanche, la foule se regarde, anxieuse, en proie
à de sourdes alarmes. Ce sont de brèves nuta-

tions, des mots rapides échangés comme à regret. Tout à coup, le soleil parvenu au méridien fait partir le canon de midi. Ce gronde-
ment lugubre pousse l'inquiétude à l'extrême.
N'est-ce pas un signal de massacre, le tocsin
d'une autre Saint-Barthélemy ? En même temps,
une voix, messagère de malheur, annonce la
disgrâce de Necker. Le ministre du peuple est
renvoyé. Depuis hier, il est en route vers le
nord. A sa place, Broglie, Breteuil et Foulon
qui dit : « Le peuple peut manger du foin, mes
chevaux en mangent bien. »

Une épouvante grandit et monte sur la cohue.
Des frémissements courent parmi ces hommes
entassés. La pâleur envahit les faces et la colère
les esprits. Un tonnerre de voix hurlantes se déchaîne irrésistiblement.

C'est alors qu'un jeune homme, Camille Desmoulins, se précipite, « avec une physionomie
apollonienne », ses beaux cheveux noirs
flottant sur ses épaules, un pistolet dans chaque main. Il s'élance. Debout, sur une table du
café de Foy, il donne un verbe à la pensée
commune, il fait entendre les mots nécessaires.
Un charbon de feu a touché ses lèvres, comme,
jadis, celles du prophète. Il ne bégaie plus. Il

appelle aux armes ! Soudain, une voix faite de
mille cris répond : « Aux armes ! » et couvre
son appel.

— C'est dans ce grand moment — dit Carlyle,
qu'il évoqua les puissances élémentaires. A
l'insurrection qui gronde, il faut un symbole,
un attribut de ralliement. Les arbres du jardin
fourniront cet emblème : leurs feuilles couleur
d'espérance, nouées au chapeau des manifestants, diront qu'une aube nouvelle est près
d'éclairer le monde, que l'humanité, pareille
aux branches printanières, est sur le point de
refleurir. Ce que la canicule a épargné de vert
est dépouillé soudain « comme s'il s'abattait
une nuée de locustes ». Les feuilles couleur
d'émeraude qui, pendant le sombre Moyen Age
et son *antiphysis*, les feuilles vertes comme
les prés verts qui paraient, au sabbat, le consolateur du pauvre, concourront à orner la
délivrance du pauvre. Les frondaisons des bois
furent toujours amicales au peuple : son arbre,
le peuplier, d'une flèche hardie, par-dessus
les brouillards, l'épouvante nocturne, sollicite
la première lueur et la paix rassérénante de
l'aurore.

Le geste de Camille a inauguré la Révolution. A dater de ce midi funèbre et de cet élan du Palais-Royal, la France plébéienne se lève pour donner au monde un enseignement qui ne périra pas. On sait les jours épiques : la charge de Lambesc aux Tuileries, le vieillard terrassé, le garde-française mis à mort, et le pillage des lazaristes, ces bons moines, qui aimèrent mieux faire flamber leur cave que d'en donner le vin aux indigents. Enfin, le 14 Juillet, c'est le matin radieux où Paris est debout pour vaincre ou pour mourir. Cette Bastille, dévoratrice d'hommes, ces murs cimentés de larmes et de sang, s'ouvrent au grand jour. En place de Grève, les malfaiteurs qui régnaient dans l'inique prison : Launay, Berthier et ce Foulon néronien expient leurs crimes de lèse-humanité.

La populace vengeresse promène leurs cœurs sans pitié au bout de piques triomphales. C'est une fête qui succède noblement aux deuils des jours passés. Les rues sont pleines de roses ; des feux de joie tourbillonnent dans la nuit balsamique. Et le stupide Louis XVI, hébété de vénerie, comme chacun de ses ancêtres, Louis XVI, qui tient son journal au point de vue de la chasse, écrit, à la date du 14 juillet, ce mot augural et fantomatique : Rien !

Les sottises des réactionnaires sur la prise de la Bastille sont plus innombrables que les astres de la voie lactée. « Il n'y avait, disent-ils, que sept prisonniers. » Sans compter ceux qui étaient morts, et Latude, et ce pauvre Romagne qui passa quarante ans à expier une méchante odelette. Sans compter aussi les morts parmi les assiégeants. « On n'y mettait, disent-ils encore, que les gens de lettres et les maris gênants. » C'est ce qui rend plus significative la révolte populaire : comme, de nos jours, en Russie, l'alliance des prolétaires et des *raskolniks*.

Camille, héros du 12 juillet, ne semble pas avoir tenu par la suite les promesses d'un tel jour. Vaniteux et faible, il suivit — dupe ou complice — Danton qui l'entraîna dans sa chute, après avoir, pour le compte de Robespierre, favorisé le rétablissement du culte catholique et préparé la mort du noble Anacharsis Clootz. La fête de l'Être Suprême, prélude manifeste du Concordat (22 prairial an II), à un mois d'intervalle, suivit l'exécution des hébertistes et des dantonistes.

Camille porta sa tête à l'échafaud. Picard, comme Calvin et comme Robespierre, il n'avait

pas la dureté, le pédantisme cruel de ces bi-
lieux.

Ce fut un aimable garçon, égaré au milieu
d'une époque féroce et théâtrale, qui exerça la
verve amusante, le tour gamin de son esprit
dans la rédaction de pamphlets homicides. Les
portraits que l'on connaît, celui de Rouillard,
au musée de Versailles, et le beau dessin
appartenant à M. Claretie, disent le charme,
l'inconsistance de l'homme. Les yeux distants,
la bouche remontée aux commissures, le menton ponctué d'une large fossette, le nez canaille,
les yeux gris et vides n'ont rien de la beauté
pompeuse de Saint-Just. Ce n'est point un romain de David, mais bien plutôt un abbé du
siècle qui s'achève, exercé aux fadaises et maître en l'art des petits vers, bourgeois avenant
et « sensible », pour parler comme le jargon du
temps.

Une histoire élégiaque d'amour embellit sa fin
d'un rayon de tendresse. En montant à l'échafaud, et sous le couperet même de la guillotine, il tenait en main une boucle des cheveux
de sa Lucile, qui roula dans le sang du condamné.

Pour cette boucle de cheveux, pour la cocarde verte du Palais-Royal, le monde absout crimes et défaillances : le reniement de la libre pensée, Anacharsis exclu des Jacobins et voué au sûr trépas. En dépit de ses fautes oubliées, Camille Desmoulins reste pour tous l'amant de Lucile Duplessis et le premier vainqueur du Quatorze juillet.

Au nom de ces deux minutes de beauté, l'une au début de sa vie publique, l'autre à la fin de sa brève carrière, le souvenir des hommes s'est fait clément et l'Histoire a pardonné.

Pour nous, libres penseurs d'un âge qui commence, nous qui mettons notre orgueil à répudier les dogmes et les lois, qui avons jugé le néant du principe d'autorité, qui connaissons l'imposture de tout ce que vénère le monde capitaliste, gardons, pour les hommes d'autrefois, une clémence fraternelle. Mais jugeons leurs doctrines avec sévérité.

Si le mouvement gigantesque de la Révolution française a pitoyablement avorté, si les promesses du Quatorze juillet ont fait banqueroute à l'idéal social qu'elles présageaient ; si la troisième république, la république du Social-Lucullus, des assomptionnistes, des émigrés et des faussaires de l'Etat-Major, la répu-

blique des chaouchs et des vicaires, méconnaît
raison, pitié, science, et permet à l'immonde
Sacré-Cœur de pendre sur Paris, c'est que la
république de 93 perdit, à son matin, le sentiment de ses origines. C'est que, dès son début,
la Révolution dévia ; c'est qu'elle devint militaire, patriote ; c'est qu'elle répudia l'internationalisme sacré qui fut la base de sa doctrine et
le but de ses aspirations.

C'est au nom de la patrie que Danton, qui,
seul, avait eu le bon sens de ne pas haïr l'Angleterre et qui, en 92, avait envoyé Tayllerand
aux ministres de Georges IV, c'est au nom de
la patrie que Danton fut immolé, que les muni-
cipalités qui avaient institué le culte libérateur de la Raison furent brisées par Maximi-
lien. C'est au nom de la patrie que l'orateur du
genre humain paya de sa tête la haine sainte
qu'il portait à Dieu et aux nationalités, scélérates autant que Dieu.

La déviation théorique de la Révolution mé-
connut le premier devoir de la république,
c'est à-dire la substitution de la science à la
théologie, du travail à la guerre, du commu-
nisme à la propriété, de la politique d'observation, de conformité à l'action publique, à l'ordre

naturel des choses, conçue par les encyclopédistes et poursuivie par Danton, de cette politique raisonnable à la politique d'*a priori*, d'inspiration et d'absolu, que préconisa Rousseau, que Robespierre fit entrer dans le domaine des faits et qui précipita sa chute.

La seule nécessité que les bourgeois de la Convention aient comprise, ce fut la nécessité de rompre avec le clergé. D'où la constitution civile. D'où, la déesse Raison et le calendrier républicain. Mais, un mois après, ils perdent la tête et reviennent au catholicisme sous prétexte de liberté. L'équivoque dure encore.

Que leur exemple nous instruise ! Une bastille ne tombe qu'à condition de détruire les autres bastilles. Un crime de l'autorité ne cesse qu'à condition de briser toute l'autorité.

Famille bourgeoise, capital, dogmes, patries, jetons aux pourrissoirs, à l'égout, ces loques du passé ! Fertilisons leurs ruines, et, sur leurs infâmes décombres, semons les blés de l'avenir.

Ces rameaux verts que, d'une main fiévreuse, Camille arrachait aux marronniers du Palais-Royal, qu'ils provignent sur les fronts de l'humanité libre ! Qu'ils nous conduisent aux conquêtes paisibles de la raison et nous abritent

comme les feuillages de Dunsinane abritaient
les vengeurs du meurtre et les champions du
droit. Que leur ombre amène, que leurs
mousses fraîches accueillent l'humanité, dans son
exode vers la justice et vers l'amour ; que leur
sève monte, fructifie et, sur les ruines des geôles
ou des temples, éternise un printemps de douceur, le printemps de la République universelle,
de la concorde et de la beauté.

LES DIACONALES

(30 messidor, an 109 et 13 vendémiaire, an 110).

Si l'ouvrage dont vous allez entendre quelque fragments appartenait au genre de ces écrits plus que libertins, composés en vue d'une clientèle spéciale, bibliophiles trop jeunes ou trop vieux, par des entrepreneurs d'immondices, publiés sous la custode, avec l'enseigne de Priape ou bien de Cottyto ; si nous apportions, ici, les œuvres de l'Arétin ou du marquis de Sade, le *Portier des Chartreux* ou les obscénités d'Andréa de Nercia, vous flétririez d'une juste réprobation un pareil goujatisme et votre fuite nous punirait d'un si grave manquement.

Le livre que nous allons entr'ouvrir n'a rien de commun avec ces pornographies du ruisseau. Par une singulière déviation de l'entendement,

7

il passe même aux yeux des catholiques pour
un manuel, un *épitomé* de la plus transcendante
morale. Ce livre renferme les questions que,
dans l'ombre des nefs où languit un éternel
crépuscule, dans une guérite où leurs haleines
se confondent, où leurs lèvres se touchent
presque, le confesseur pose brutalement aux
vierges impubères, aux femmes que leurs stupides époux n'ont pas le cœur d'arracher à cette
ignominieuse dégradation.

Le prêtre, solide, trop nourri pour sa fai-
néantise, débordant de pléthore sanguine, est,
la plupart du temps, un rustre que n'a point
anémié la dégénérescence bourgeoise.

Il porte, avec une âme de garde-chiourme,
des sens de muletier. Valet de charrue, il emploie
au maniement des consciences la brutalité sournoise du pacant, le cynisme du faune, l'hypocrisie du villageois. Il est rudanier, salace,
mal odorant. Il parle de l'amour en langage de
caserne ! Au prurit luxurieux d'un homme qui
n'entend payer ses plaisirs qu'en monnaie de
singe, qui, n'ayant d'autre labeur que l'escro-
qüerie ou l'imposture, crève d'appétits et de
lubricité, la crasse ecclésiastique ajoute encore
d'innommables démangeaisons.

« Ce noir grotesque dont fermentent les souliers », encuirassé d'immondices, aiguillonné
par les ordures de sa peau, déverse la puanteur
d'une imagination gâtée et malfaisante sur la
chair comme dans l'âme des victimes offerte à
ses attouchements. Le prêtre catholique, c'est
le minotaure à tête de cochon.

Voici donc un livre qui contient l'examen
auquel un inconnu a le droit de soumettre la
vierge qui sort à peine de l'ombre maternelle,
que dis-je ? la femme qui descend du lit nuptial,
toute ravie encore des premiers baisers de
l'amant et de l'époux. Le directeur de conscience
ajuste ses bésicles théologales. Il flaire les linges
souillés. Il déguste les eaux de toilette. En latin,
non de cuisine, mais de latrines, il pousse les
diverses enquêtes dont il est contraint d'affliger
ses ouailles. Car le confesseur ne peut, sans pré-
varication, faillir à ces devoirs que lui impose
le sacerdoce. Il doit adresser à la jeune fille, à
la nouvelle mariée, à la femme grosse, à
l'accouchée d'hier, les questions les plus sca-
breuses, un interrogatoire que n'oseraient pas,
sans d'infinies précautions, la sage-femme elle-
même ou les spécialistes de l'hôpital Ricord.

Le restant des *Diaconales*, la somme des

autres péchés n'est que pour la figure et l'ornement. Une absolution diligente balaye envie,
gourmandise et nonchaloir. Quant à l'avarice,
qui promet au clergé de riches donations et
d'amples héritages, on la cultive comme il sied.
L'orgueil seul, qui ne remet pas l'homme tout
entier aux mains rapaces de l'aigrefin tonsuré,
l'orgueil seul est puni de quelque blâme. Néanmoins, ce sont les infractions aux septième et
neuvième commandements qui assurent le pain
des confesseurs, depuis le vicaire de campagne
dépeuplant la basse-cour de ses pénitentes,
jusqu'au jésuite qui déprède les millions volés
aux indigents par le capital assassin, l'armée
cambrioleuse et l'état fesse-mathieu.

Oui, c'est le geste d'amour qui plus que tout
autre nourrit dans son oisiveté pernicieuse la
clique noire des ensoutanés. Pourquoi? Le
prêtre rusé en sait bien les motifs. Ils sont tout
entiers dans le mot de Virchow cité par Hœckel,
ce mot que je vous demande la permission,
mesdames, de ne traduire point : *Omnis mulier
in utero*. C'est au plus profond de l'être, dans
le jardin fermé de sa vie sexuelle que le prêtre
obsède sa victime, qu'il débuche sa proie. Les
troubles de « l'enfant malade et douze fois

impure », ses ardeurs et ses défaillances, la crédulité de son intellect, l'éveil de ses organes, il
n'en ignore aucune chose.

« Beauté blessée ! Beauté fragile ! » Que ne
peut sur elle cet homme sans épouse ni enfants, cet homme exempt de toutes les charges
sociales qui ouvre la porte du mystère, qui
prête aux joies de l'alcôve la saveur aiguë et
délicieuse du péché ? Mais le mari que devient-
il pendant ces heures de la confession, tandis
qu'un célibataire impudique force à de louches
aveux celle qu'il aime, qu'il a le droit de défendre
et l'obligation de nourrir ? Je l'imagine volontiers
pensif et mécontent, dans la maison déserte,
pendant que la femme agenouillée raconte les
caresses conjugales du maître de sa chair. Le
mari a le corps, la guenille périssable : mais le
prêtre, seul, règne sur la volonté. Que l'homme
travaille, que son labeur entretienne la femme,
élève les enfants, prélévation faite bien entendu
— et quelle prélévation ! — des impôts ecclé-
siastiques : messes, quêtes, bonnes œuvres, sans
compter l'anse du panier que font danser, avec
tant de maîtrise, les souteneurs en jupon noir.
Le mari ne s'associe pas à la femme catholique ;
il n'est pas l'initiateur de sa pensée, et quand il

prend possession de l'être indécis encore dont il
a promis le bonheur, l'acte sacré qui le lui
donne assume la matérialité d'un viol. Car, à
l'inverse du Moyen Age, dit Michelet, c'est à
présent le laïque, c'est le mondain qui est
l'homme mortifié. « Ce mondain, plein de soucis,
travaille tout le jour, la nuit, pour la famille et
pour l'état. Engagé souvent dans une spécialité
d'affaires ou d'études trop épineuses pour que
la femme et les enfants s'y intéressent, il ne
peut leur communiquer ce qui remplit son esprit.
A l'heure même du repos, il parle peu, il suit son
idée. Le succès dans les affaires, l'invention dans
la science s'obtiennent à haut prix ; au prix que
dit Newton : *En y pensant toujours...* Solitaire
parmi les siens, il risque, lui qui fait leur gloire
ou leur fortune, de leur devenir étranger.

« L'homme d'église, au contraire, qui aujour-
d'hui, à en juger par ce qu'il publie, étudie peu,
n'invente rien, qui, d'autre part, ne se fait plus à
lui-même cette guerre de mortifications que
s'imposait le Moyen Age, il peut, frais et reposé,
suivre à la fois deux affaires. Par son assi-
duité, par ses paroles doucereuses, il gagne
la famille de cet homme trop occupé, et cependant, du haut de la chaire, il accable

les mondains des foudres de son éloquence. »

Jeunes filles, jeunes femmes, c'est à vous que nous parlons ! Si les mots qu'il nous faut employer, dans ce cours de pathologie sociale, offusquent vos pudeurs, si nous abjurons pour un instant les formes d'un honnête discours, veuillez nous accorder la liberté du clinicien qui, pour exposer les tares de l'homme physique, a droit de ne point ménager ses expressions. C'est plus haut que tendent nos efforts. Il est grand, certes, de chasser le typhus et la tuberculose. Mais le microbe de l'obscurantisme, le bacille de la turpitude chrétienne, celui de nous qui en fera l'antiseptie pourra revendiquer la première place entre les bienfaiteurs de l'humanité.

Jeunes filles, c'est à vous que nous parlons ! Vous êtes affranchies puisque vous assistez à cet entretien ; mais vous êtes exposées à donner votre main à des radicaux, à des socialistes, à des pleutres ambitieux qui, pour obtenir une chaire ou baffrer les turbots du Social Lucullus, pour faire des révérences à Nicolas II et promouvoir leurs compagnes à la charge de dame d'honneur chez la grosse mère Loubet, vous enverront à confesse, vous imposeront un directeur bien vu de l'Elysée.

Jeunes filles, qui, demain, serez appelées à
l'honneur sans égal de perpétuer l'humanité, au
nom de vos amours adolescentes, au nom de
cette ivresse qui, renouant la chaîne des êtres,
assure la continuité de nos entreprises, au nom
de ce flambeau, de cette lumière impérissable
que vous léguerez à ceux qui naîtront de vous,
comme vous les reçûtes de vos mères, écoutez
nos paroles de ce soir ! C'est pour l'homme que
vous aimez aujourd'hui, c'est pour l'enfant que
vous créerez demain, que nous vous implorons.
Acceptez sans plaintes, sans regrets, sans
pudeur inopportune, soumettez-vous à l'indispensable chirurgie. Le cancer implacable, l'ul-
cère ignominieux du christianisme, nous en
fûmes tous plus ou moins contaminés. Dans la
pleine fleur de votre jeunesse et de votre beauté,
souffrez que ceux, qui, déjà, vous aiment avec le
pur désintéressement des ancêtres, coupent dans
le vif et ne négligent rien pour vous guérir à
jamais.

Mesdames, chers camarades, je n'ai pas à
vous présenter Victor Charbonnel. Votre affec-
tueuse admiration l'a déjà placé entre les plus
fermes soutiens du rationalisme et de l'esprit

scientifique. En lui, vous appréciez le talent de l'écrivain, la verve inépuisable du conférencier. Libre-penseur et révolutionnaire, il porte devant vous ces torches qu'Athènes allumait à l'autel de Prométhée et qui, transmises de génération en génération, éclairent cette route, chaque jour moins obscure, qui conduit le genre humain vers la cité de la justice, de la raison et du bonheur.

Enlevé par sa propre volonté à la profession de diriger les femmes, Charbonnel a quitté l'ombre scélérate de l'Eglise ; il a dépouillé le costume grotesque et magnifique du prêtre, jetant pêle-mêle chasubles d'or et principes surannés, dogmes abêtissants et parures archaïques.

Recevons-le comme Julien à son retour de Nicomédie, comme Luther au lendemain de la diète de Worms et, pour saluer d'un titre qui lui convienne ce héros de la libre-pensée, disons de lui, avec plus de raison peut-être, ce que Shakespeare disait de Jules César : « C'est un homme en tout. »

Guidés par sa forte main, descendons les égoûts de l'enfer clérical. Outre ce guide irréprochable, une étoile nous conduit : elle ne

trompe jamais les voyageurs qui, sur elle, or-
donnent leurs pas ; car cette étoile que n'ont pu
obscurcir deux mille ans de honte chrétienne,
porte les deux plus beaux noms qui aient
enflammé l'enthousiasme dans les poitrines des
hommes ; car cette étoile, c'est la raison et
c'est la vérité.

*
* *

Les ignominies que vous venez d'entendre et
qui ne sont pas les plus révoltantes de ces infâmes *Diaconales* forment un réquisitoire sans
pareil contre la religion que blasonne le nom
du pendu juif. Voilà donc, après Galilée, après
Newton, après Voltaire, après le réveil de
Quatre-vingt-treize, après Darwin, après Nieh-
bür, après Renan, l'étiage de la mentalité chrétienne ! Stupres sacrés, dévotes âneries, le gy-
nécée ouvert à l'ennemi, la femme apportant
aux antagonistes de la civilisation la conscience
des races à venir !

Les saints des honnêtes gens, ce sont les
héros, les savants, les poètes, les tueurs de
rois et les inventeurs d'Amériques. Les saints
des christicoles, se sont les truies chères à

M. Huysmans, après Montalembert, qui boivent
leur urine, comme Elisabeth de Hongrie, ou
lèchent le vomissement des fiévreux à la façon
de Marie Alacoque. Tels sont, en résumé,
les grands exemples, les vertus civiques et les
fortes actions que le catholicisme propose à
ses adhérents ! Les gens du xxᵉ siècle, après
la démonstration faite de l'inauthenticité de la
Bible, croient encore à la révélation divine de
ces livres incohérents et maugracieux. Pascal
donnait, il y a deux cents ans, comme preuve
de la divinité du Christ, la pauvreté des juifs.
Le père Dulac atteste encore les livres de Moïse,
bien qu'il sache à n'en pas douter que l'hepta-
teuque est contemporain des Macchabées, sotte-
ment imité d'ailleurs des bibles assyriennes.
Les travaux de linguistique, de mythologie
comparée, les recherches de Burnouf, de Max
Muller, de Graëtz n'existent pas pour ces gens-
là. Imposteurs acharnés à l'exploitation de l'ignorance, ils entretiennent leurs dupes dans une abjection intellectuelle que ne dépassent en aucune
manière les nègres les plus abandonnés. Tous
les clergés se ressemblent. L'archevêque de
Paris ne le cède en rien au sorcier des canaques,
de l'abipone ou du zoulou. Schopenhauer disait :

« Le médecin voit l'homme dans toute sa fai-
blesse, le juriste dans toute sa méchanceté, le
théologien dans toute sa bêtise. » Or, la stupidité
religieuse, la théologale bêtise des peuples civilisés n'est pas moindre que celle des derniers
échantillons de la race humaine. En quoi l'idole
Mama Jumbo diffère-t-elle du Sacré-Cœur? En
quoi la Vierge de Lourdes est-elle supérieure à
l'Hator égyptienne, à l'Istar de Babylone, aux
déesses innombrables de la génération ou du
ciel étoilé? Comme la Vache de Saïs, elle porte
dans ses bras un rédempteur sidéral et, de même
qu'Isis, elle pourrait dire : « Le dieu que j'ai
enfanté, c'est le Soleil. »

A vrai dire, toute religion se compose de
trois éléments essentiels, dont le dernier finit
toujours par l'emporter sur les deux autres :
la métaphysique, la morale et l'idolâtrie.

Pour ceux qui connaissent la culture philosophique des chrétiens d'à présent, il est inutile,
je suppose, d'insister sur leur incompétence en
matière de spéculations métaphysiques. Les
dogmes où Byzance codifia son radotage néo-
platonicien, les rêveries à propos des nombres
qui aboutissent à la Trinité, les sottises sur la
consubstantialité du Fils et du Père, les chicanes

sur la grâce efficace et la grâce efficiente ne préoccupent guère les dévots de ce temps-ci. Pour discuter, même de pareilles sornettes, il faut un entraînement, une ascèse préalable de quoi les jésuites gardent leurs disciples avec une prudente circonspection.

Quant à la morale chrétienne, vous le savez, messieurs : elle a fourni, depuis quelques années, Flamidien, le nationalisme, la mère et le fils Monnier, les officiers bas ou supérieurs qui navrent, martyrisent les pauvres gars soumis à leur férocité, quand ils ne dévalisent pas la Chine tout entière, à la façon de Schinderhannes, de Fleur d'épine ou de Mandrin.

Reste donc le fétichisme. Celui-là grandit opiniâtrement. Après le lait de la Vierge et la chemise sans couture de Jésus, après le Sacré-Cœur, lingam paré d'un nom moins érotique, les jours sont arrivés ou les tirelaines voués à Saint-Antoine de Padoue exercent, en pleine lumière, leurs banques et leurs rapines, sous l'œil tutélaire de la Défense républicaine.

Mais revenons aux *Diaconales*.

Le principe de la confession auriculaire, c'est l'*antiphysis* du moyen âge, le mépris de la femme ; c'est la haine que porte à la vie une

religion de ténèbres et de morts. Nicolas de
Damas appelait gracieusement la femme « un
vase d'impureté ». Un concile s'est demandé
si elle avait une âme. Les hagiographes disent
des saints non pas : « ils moururent ce jour-
là », mais : « ils commencèrent à vivre », tant
le christianisme a pour idéal de briser tout
généreux effort, toute amélioration des peuples
ou de l'individu. Haïr la vie, c'est exécrer la
génération. Maupassant, dans une excellente
nouvelle, conte l'histoire d'un curé, brutal et
pieux, qui assomme à coups de botte une chienne
en gésine que des enfants contemplent avec une
respectueuse curiosité. Enfin, à ces horreurs il
convient d'ajouter une horreur plus sinistre
encore, la jalousie du prêtre pour l'homme, le
mari, l'amant, le générateur. Dans tout ordre
de faits, c'est l'eunuque, l'impuissant qui donne
des lois au mâle. C'est le grammairien qui
régente le poète et le confesseur, qui usurpe
les fonctions de palefrenier. Si bien que la
femme, être d'action, endure l'influence du prêtre abstème ou soi-disant !

Dans les premiers siècles de l'ère chrétienne,
la confession publique devait porter, avant tout,
sur les infractions aux règlements de la commu-

nauté. Mais, sitôt que le clergé prit la direction
morale de la société, la confession devint secrète.
Au début, et dans l'Église grecque, on aborde
le premier prêtre venu qui traverse la basilique.
On se confesse debout, en un instant. Le christianisme latin ne tarda pas à compliquer cette
chose trop unie. Confidences, prières, formules d'absolution et la guérite où la femme
est séparée du monde aux bras de l'homme
noir, il pimenta d'ignobles séductions, la bêtise de la coulpe, il organisa le sacrement en
espionnage. Néanmoins, au début, la confession
reste barbare et sans nulle psychologie. Ni le
prêtre, ni la pénitente ne creusent bien avant
leur étude ignorante de l'âme. Au XVIᵉ siècle,
les jésuites entrent en scène et le mal, chaque
jour, grandit sous leurs efforts. Ils ont cette politique scélérate de tenir la femme par l'aveu
des choses humiliantes, des détails répulsifs.
Leur esprit de mécanique et de police établit
une hiérarchie, une classification de l'erreur,
précisant le degré d'importance et cataloguant
les péchés. C'est le contraire de l'idée stoïcienne
reprise par saint Augustin et Jansénius, à savoir que toutes les fautes sont égales, principe
qu'il faut entendre en ce sens que l'être moral

est ou n'est pas en rapport avec le destin. A
l'inverse, le jésuite dose au compte-goutte l'im-
moralité, pèse avec des balances d'apothicaire
les manquements à l'Impératif. De nos jours,
ils s'acharnent encore à leurs catalogues orduriers : car les éditions des *Diaconales* se
renouvellent tous les ans. La première du
xxᵉ siècle ne renferme pas une malpropreté de
moins que les précédentes. L'examen de conscience inventé par Sénèque est, ici, dénaturé
jusqu'à la folie. Bouvard et Pécuchet, suivant
en imagination les nourritures qu'ils digèrent,
que sont-ils au regard des catholiques se livrant
à la mensuration de leurs organes, à l'endigue-
ment de leurs sécrétions.

Il faut suspendre un voyage trop long dans
la bêtise et dans l'horreur. Les « hommes obscurs » de Hutten, les « papimanes » de Rabe-
ais, les « apédeutes » de Voltaire n'ont pas
renoncé à convertir le monde, à planter en tous
l'univers le pennon de l'imbécillité. Favorisés
par l'intrigue politique et par les craintes du
riche qui tremble de se voir dépossédé, au jour
de la révolution sociale, ils mènent leur croisade
souterraine contre l'émancipation de l'esprit et
a juste répartition de la fortune publique. Ils

ont pour eux les bandits de toute sorte, mouchards, officiers, magistrats, sans compter Barrès, Lemaître et, généralement, les tenanciers de mauvais lieux. Ils ont pu, contre l'évidence, la loi et la pudeur, faire condamner le malheureux Dreyfus qui, sans Picquart, sans Zola, sans les défenseurs obscurs qui se sont voués à sa cause, périssait à l'Ile du diable et qui n'a pu être sauvé que par une phalange de héros.

Mais, c'est à nous, maçons, mes frères, de combattre pied à pied l'invasion de l'obscurantisme. Ne permettons pas qu'on nous berne avec de fausses idées de tolérance ou de douceur. Combattons l'ennemi dans sa position la plus dangereuse, au foyer domestique. Refusez au prêtre votre femme et vos enfants. Ne vous laissez pas séduire aux colifichets paradisiaques des jeunes communiantes. Fermez l'oreille même aux douces récriminations d'une vieille mère tendrement aimée. Il le faut. C'est de votre descendance, c'est de la pensée humaine qu'il s'agit. Ce cordon maçonnique décrié par tant de calomniateurs abjects, effroi des bigottes et risée des crétins, ornez-en vos poitrines. Opposez-le comme un symbole de raison à la folle mascarade, au travestissement honteux du prê-

tre. Ainsi, vous préparerez à vos enfants une
terre meilleure. Ainsi, dans le nouveau printemps d'un siècle rajeuni, votre lignée, exempte
de servitude et guérie du mal divin, cueillera
cette branche verte d'acacia, figure des renaissances perpétuelles du soleil et de l'humanité,
fleur odorante du primevère qui s'épanouit sur
la tombe du juste, du juste frappé à mort pour
n'avoir pas trahi le bon droit et l'équité. Que
l'exemple d'Adoniram nous enseigne ! Défen-
dons, même au prix de notre sang, contre les
ouvriers félons, cette demeure fraternelle de
justice et de vérité dont la Révolution française
a jeté les bases indestructibles, afin que, n'ayant
d'autre culte que l'amour, la logique et la beauté,
les races qui naîtront de nous goûtent ces fruits
bénis de la concorde harmonieuse, de la douceur et de la paix.

★
★ ★

Saint Denis, groupe de la Libre-Pensée,

(*13 vendémiaire, an 110*).

C'est un combat sans merci dont la gloire n'est
exempte d'amertume ni de dangers. Loin de

trouver appui, dans cette lutte pour la raison
contre les puissances de l'ombre, loin d'être
soutenus par les hommes que la Révolution a
fait naître et sortis du néant, nous avons pour
adversaires quiconque détient une parcelle de
pouvoir, depuis le garde-champêtre jusqu'à celui des sceaux, depuis le sergot bestial qui
cogne dans la rue jusqu'au pédant brodé de
vert, qui secrète le mensonge, la calomnie et la
bêtise dans la *Revue des Deux-Mondes* ou l'*Echo
de Paris*.

Le Social-Lucullus, non content de s'asseoir
aux tables impériales, de flagorner les tueurs de
peuples, de lécher les bottes de l'autocrate idiot,
mendiant et sanguinaire qui dépèce la Finlande,
déporte en Sibérie les écrivains ou les penseurs,
qui tente de flétrir la vieillesse de Tolstoï, comme
s'il était dans le pouvoir des bêtes nocturnes
d'offusquer la lumière, le Social-Lucullus atteste
aux souverains, ses amis, aux jésuites, aux nationalistes son goût pour le despotisme et les
ténèbres en persécutant les rares écrivains qui
n'ont jamais failli dans leur amour de la justice et de la liberté. C'est un orgueil qui ne va
pas sans péril que de s'affirmer anarchiste, au
temps où nous vivons. Cet orgueil, je l'assume

telle une armure de combat, tel un vêtement de
non pareille beauté.

Dans une semaine, j'irai, pour avoir proclamé
hautement le dégoût des mascarades franco-
russes, de la prostitution dégoûtante de Compiègne et de Reims, m'asseoir sur les bancs de la
police correctionnelle. Von Millerand qui,
pendant sa carrière de député, n'a cessé de ful-
miner contre les lois scélérates, me les applique
aujourd'hui. Cela fait partie intégrante de son
évolution. Pour avoir la signature, pour donner
à sa femme des bracelets de Lalique, pour faire
fusiller à Châlon nos camarades, cet éminent
collectiviste n'a pas hésité à figurer dans un
ministère Galliffet, à s'avouer le collaborateur de
l'assassin qui étouffa la Commune dans le sang.
Il me défère, à présent, aux tribunaux. Mais,
je le dis à tous, lorsque je comparaîtrai devant les juges de la neuvième chambre, le prétoire correctionnel sera certes plus honorable
que l'auberge du ministre socialiste et c'est lui,
bien plus que moi-même, qui sortira de l'audience flétri et condamné !

Il serait grotesque de se draper en stoïcien pour
quelques mois de prison et d'attester, à l'occa-
tion d'un si léger ennui, ma foi révolutionnaire.

Mais, devant les chats fourrés du palais, je ne me
défendrai point, je ne déclinerai ni la responsabilité de mon article au *Libertaire*, ni cet ardent
amour qui me fait l'un des vôtres, jeunes hommes
en marche vers un libre avenir. Et, comme au
jour du tournoi les combattants déployaient une
bannière à leurs armes, j'affirmerai avec joie,
avec enthousiasme et fierté mon irréductible
espérance dans l'athéïsme qui délivre, dans
l'Anarchie aux mains purificatrices qui éclaire les
enfants des hommes, les réconforte et les enno_
blit.

DIDEROT

(9 thermidor, an 109).

Si la Révolution française a fait banqueroute aux promesses initiales ; si les espérances qui animaient les cœurs, dans ce matin de 93 où l'homme, délivré des superstitions abjectes et des idoles catholiques, célébra la raison divinisée ; si la Révolution a fait banqueroute, c'est que, par une régression vers les mentalités déchues, vers le piétisme attardé, vers le peu de foi chrétienne qui croupissait encore dans les pourrissoirs et les égouts, elle orienta son chemin, guidée par le théisme de Rousseau, le déisme de Voltaire ; c'est qu'elle crut en Dieu au lieu de croire en soi et que, bientôt, elle invoqua l'Etre Suprème, cessant de glorifier la raison et la science, forme éclairée de la raison.

Quand bien même la Révolution n'eût pas été
prostituée à la soldatesque par la nécessité de
défendre ses principes contre l'Europe en armes ;
quand bien même elle n'eût pas renié ses origines internationalistes pour courir aux frontières et sauvegarder la « patrie en danger »,
inaugurant ainsi une ère nouvelle aux exploiteurs de la finance et du clergé, bientôt elle eût
sombré dans les pantalonnades, les mômeries
d'un dogme non moins exclusif et absurde que
la religion des anciens rois. Diderot seul eut pu
garantir, par Danton et par les siens, formés
tous à son école, cette république défaillante.
Car il apprenait, ce que nous ignorons encore,
à n'être ni anglais, ni français, ni juifs, ni chrétiens, — mais simplement des hommes libres,
dans une terre sans limites, sans codes et sans
dieux.

*
* *

Diderot ! Cette grande figure apparaît au seuil
du monde moderne comme le prophète de ses
destinées. Les ouvriers surhumains, Gustap, le
forgeron de l'Avesta, Héraklès, dompteur de
monstres, n'ont point fait paraître de plus rudes

énergies. Voltaire l'appelle « pantophile », amant
de la nature, ou plutôt amoureux de tout. « Il
n'en est pas moins Panurge, l'universel faiseur
— dit Michelet. C'est un fils d'ouvrier. De son
troisième nom qui lui va mieux encore, c'est le
vrai Prométhée. Il fit plus que des œuvres. Il
fit surtout des hommes. Il souffla sur la France,
souffla sur l'Allemagne. Celle-ci l'adopta plus
que la France encore, par la voix solennelle de
Gœthe ». Né peuple, fils d'un coutelier, il resta
peuple, malgré son contact assidu avec tout ce
que l'Europe montrait de plus notoire. On sait la
royale impertinence de la grande Catherine :
« Je vous en prie, monsieur Diderot, ne vous
gênez pas d'avoir de mauvaises façons. »

Né à Langres, entre Bourgogne et Champagne, aux limites de la rhétorique heureuse et
de la poésie ironique, au faîte de partage entre
les rivières du nord et du sud, au centre géo-
graphique de la France, il gardait quelque chose
de la tempête, des vents qui soufflent rageuse-
ment sur le plateau glacé. « Ma tête — dit-il lui-
même — est le coq du clocher qui va et vient et
tourne toujours. » Il possède les facultés d'épan-
dage, le cours incessant des belles rivières qui
furent l'ornement de son berceau. Du vin de

Champagne il tient la verve mousseuse, le pé-
tillement de formes et d'idées, tandis que ceux
de la Bourgogne lui versent leur amertume cordiale et parfumée.

Burgonde celtisé, il n'a qu'un trait romain
dans le visage, le grand nez à la Montesquieu,
« d'une beauté mâle », dit Jaçob Meister. Les
portraits de différentes époques, de Van Loo,
de Greuze, de Levitzki, celui plus familier de
Chardin, le buste de Houdon, concourent à
nous montrer sa physionomie telle qué la dé-
crivirent fréquemment les contemporains. Tête
petite, allongée ; des yeux pleins de curiosité
d'où l'enthousiasme fait jaillir une flamme ;
bouche étendue en hauteur, de petite ouverture, « aux lèvres mordantes » — eut dit
Saint-Simon, — l'inférieure épaisse, de bonté,
de sensualité. Tout le reste n'est que mouvement, rapidité, irréflexion ; c'est un type d'im-
provisateur, l'homme dont Voltaire disait : « Il
est fait pour le monologue, et non pour le
dialogue. »

*
* *

A ses débuts, on vit, pour la première fois, un

homme de lettres qui se moquait de la propriété littéraire, qui donnait ses idées. On vit
surtout le phénomène extérieur, l'oubli de soi,
la fureur créatrice, le désordre, le tumulte, la
sybille sur le trépied. On oublia le surhomme,
le représentatif. On ne le comptait point parmi
les écrivains.

Le siècle, tout aux gens artificiels, ne com-
prenait pas cette spontanéité de vie dans la chose
écrite. Qu'était cet homme, n'ayant pas de grands
talents d'après la mode, cet homme qui ne pouvait réussir que des dialogues, des opuscules, des
lettres, des nouvelles sur ceci ou cela, des riens :
Le Neveu de Rameau, Jacques le Fataliste, qui,
pour vivre, rédigeait des prospectus, des ser-
mons, le tout en style obscur, emphatique, de
mauvais goût, plongé dans un absolu néant,
pas même académicien, et que cependant les
plus illustres recherchaient ?

Cet homme, fécond et prodigue comme la nature, mieux qu'un génie d'œuvre, était un génie
d'impulsion, une source de chaleur, de vie, où
tous venaient boire et chercher du réconfort.
« Les plus divers esprits — dit encore Michelet —
sortirent de Diderot ; d'un de ses essais, Con-
dillac ; d'un mot, Rousseau, dans ses débuts.

Grimm le suça vingt ans. De son labeur immense
et de sa richesse incroyable, coula le fleuve
trouble, plein de pierres, de graviers, qu'on
appelle du nom de Raynal. »

Diderot met sa personne en toute chose. Vie
directe, art direct. Il est lui. Toute forme dispa-
raît. Voilà pourquoi il est le centre des esprits,
pourquoi il changea les arts, l'économie sociale et renversa le Christ. Diderot est au centre
de son époque, au centre de la Révolution. « Si
de Rousseau vint Robespierre, de Diderot jaillit
Danton. » C'est un mot d'Auguste Comte. Les
persécutions n'y font rien. Vincennes, les muti-
lations du libraire Lebreton qui avait « atténué »
l'*Encyclopédie*, la haine du Parlement, — un
conseiller, Denis Pasquier, en 1766 (l'année du
chevalier de la Barre), dit qu'il ne suffit pas de
brûler les livres qu'il faut aussi brûler les philosophes, — les perquisitions, rien ne peut briser
sa volonté gigantesque.

Il devança dans tous les genres d'activité ses
contemporains les plus célèbres. Il pressentit
l'avènement des sciences, Lamarck et Darwin,
la concurrence vitale, dans la *Lettre sur les
aveugles*, dans le *Rêve d'Alembert*. Il eut
l'intuition du socialisme, de l'éducation mo-

derne. Il devina la méthode d'Auguste Comte,
l'élimination de l'Absolu. Dans le *Rêve d'Alembert*, il annonce encore la fin des mathématiques
et des spéculations sur l'abstrait, l'avènement
des sciences physiques, des observations sur le
concret.

Dans le domaine esthétique, sa fougue de
création accomplit des miracles. Il inventa des
genres littéraires, ce qui n'a été donné qu'aux
Hellènes du grand siècle, à Molière, aux plus
beaux génies. Voltaire — disent les Goncourt —
enterre les genres disparus : tragédie, épopée,
ode, etc. Diderot, lui, crée le roman social, la
critique d'art, le théâtre vrai, la pièce à thèse,
le drame social, et, bien avant Ibsen, la « tranche
de vie ». Enfin, il expose, dans sa *Lettre* à Glück
sur la musique, la plupart des théories aux-
quelles Richard Wagner, un siècle plus tard,
communiqua le rayonnement de son génie.

*
* *

Mais ce n'est pas un cours de critique littéraire à quoi vous prétendez. Diderot socio-
logue, Diderot patron de la Révolution française, est le grand homme que nous célébrons

aujourd'hui. Pareil à ces arbres gigantesques
des forêts tropicales, dont plusieurs cavaliers
font à peine le tour, on ne saurait investir le
colosse tout entier. Chaque partie est, d'ailleurs,
assez grande pour donner asile aux rêves les
plus ambitieux et fournir de nobles ombrages
aux vagabonds ou aux proscrits.

L'effort de Diderot prend sa source dans le
travail manuel. C'est l'*enisus* de Sacher Masoch,
la maïeutique de Socrate, l'accouchement par
lequel l'homme s'enfante lui-même à la connaissance et à la beauté.

Suivant les races et les religions, la conception du travail, l'estime qu'on en fait sont
infiniment variables. Le paganisme y voit une
fatalité, l'œuvre nécessaire du pauvre et de
l'esclave. Cette nécessité, d'ailleurs, est l'ins-
tigatrice du commerce, de la richesse des arts,
de la vie civilisée. Tel est, dans Aristophane, la
défense de Pœnia. Son aiguillon, la faim, aide à
créer l'opulence. Par le besoin, par la disette,
comme une sévère maîtresse, elle soumet l'arti-
san aux recherches qui lui donnent la vie et le
goût du beau.

Le christianisme, au contraire, paresseux et
barbare, voit dans le travail une expiation, un

malheur qui pèse sur l'Adam déchu. Ami de
l'ignorance, de l'inaction, il n'a d'autres arts
que ceux du meurtre : guerre, chasse, les dis-
putes ineptes de la scolastique, la poésie en-
fantine et vieillotte des hymnaires.

Diderot, par delà ces temps d'abjection, retrouve la pensée antique. Il salue Erganè, « celle
qui fait la noblesse du travailleur civilisé et — dit
Renan — le met si fort au-dessus du Scythe paresseux ». Le travail, c'est l'expansion des facultés, la curiosité, la découverte. Le pouce infléchi
de la main humaine donne l'industrie, la science
et tous les arts. C'est le labeur matériel qui crée
la découverte. Or, Diderot apporte un instru-
ment incomparable de travail : l'*Encyclopédie*.

A nous qu'un siècle de recherches, de classe-
ments, que les travaux de l'érudition moderne
ont blasés sur les répertoires et les catalogues, il est malaisé d'imaginer quelle tâche
énorme fut ce premier inventaire des connais-
sances humaines.

C'est la Somme antithéologique, un outil de
destruction pour les vieilleries du passé, un
Novum, organum ne gardant que les notions vé-
rifiées, choisissant, à travers l'accumulation des
idées fausses, le peu de raison qu'avait épargné

quinze siècles de christianisme. Livre fécond!
Livre sacré! Son rayonnement a mis en fuite
les ténèbres, déprisonné les hommes. D'une
lueur vengeresse, il a souffleté Dieu.

Jamais Diderot ne se plaint d'être pauvre,
d'être peuple, d'être méconnu. Là, est le principe de son esprit révolutionnaire. Il ne proteste ni ne conteste. Mais, à force de ne pas les
voir, il abolit toute préséance, toute inégalité.
Ni gentilhomme, comme Voltaire, ni citoyen,
comme Rousseau, il est un homme devant la
nature, un citoyen du monde, sans patrie et
sans lois.

* * *

Son athéisme est calme comme la lumière
de l'été. Le discours du tahitien au mission-
naire, dans le *Supplément à Bougainville*,
montre le néant de l'autorité sociale et des ob-
servances confessionnelles. Ses pensées philo-
sophiques, dans le concis d'une forme savou-
reuse, condensent les raisons que peut avoir un
bon esprit de bafouer toute religion. Et ce mot
le couronne comme un joyau d'inestimable
prix : « Il n'appartient qu'à l'honnête homme

d'être athée ». Dans le *Système de la Nature,* il
dit encore : « Voyez-vous cet œuf ? C'est avec
cela qu'on renverse toutes les écoles de théologie et tous les temples du monde. »

Le partage entre Voltaire et Jean-Jacques,
l'un attaquant le pouvoir spirituel *exclusivement,* l'autre le pouvoir temporel *exclusivement,*
comme si toutes les tyrannies ne se prêtaient pas
main forte, comme si, pour abattre l'autorité,
cette louve, il ne fallait pas l'atteindre en plein
cœur, — tandis que Diderot se révoltait contre
le pouvoir intégral, — le partage entre Voltaire
et Jean-Jacques amena les résultats suivants,
chacune des écoles ayant pris position dans les
luttes religieuses. A Voltaire, on doit la constitution civile du clergé. A Rousseau, la fête de
l'Etre Suprême, Robespierre, et, plus tard, Bonaparte, Chateaubriand, le Concordat. A Diderot, enfin, la déesse Raison, Danton, Anacharsis Clootz, Hébert et le bon Chaumette.

Sa morale est belle autant que simple. Tout
homme a le droit au bonheur. Tout homme a le
devoir de pitié : la pitié, la justice, dont la super-
tition des états féodaux, républicains ou monarchiques, avaient méconnu l'étroite alliance. Elles
ont refleuri, les sœurs divines, trop longtemps

séparées ; elles ont refleuri dans un nouvel em-
brassement. Un juste, un cœur magnanime leur
a donné le même autel, et vos applaudissements
qui vont au président Magnaud disent la gloire
de ce bienfaiteur qui, pareil à Déjocès, fils de
Phraortes, vivra éternellement dans la mémoire
des hommes, pour avoir fléchi la rigueur du
code et rehaussé de miséricorde la majesté périssable de la Loi.

*
* *

Notre temps se meurt du mal divin. Depuis
cet élan prodigieux du xviiie siècle vers une
ère de douceur et de liberté, cet effort tita-
nique de la pensée humaine pour se reconquérir elle-même, pour s'évader enfin de la
honte chrétienne, les puissances de la nuit,
coalisées contre la raison et la lumière, n'ont
cessé de répandre leurs venins dans les esprits
et dans les cœurs. Le prêtre fécaloïde, le prêtre
scélérat, le prêtre dont aucun bagne ne saurait
punir les forfaits, le prêtre mille fois plus criminel que l'empoisonneur ou que le meurtrier,
puisqu'il assassine les intelligences et dérobe la
vérité, le prêtre a reconquis ténébreusement le

pouvoir ; il règne en maître sur la France qu'il putréfie et qu'il déshonore.

L'histoire de notre temps est l'histoire même de ses conquêtes. Ramené par le malfaiteur incestueux à qui les ratapoils du Petit chapeau offrent, en manière d'encens et d'offrande commémorative, les solécismes de Quentin-Bauchard, ramené, tremblant et furtif, dans la voiture sale du Concordat, il a grandi, pullulé, sous les divers régimes qui, depuis la chute du brigand corse, ont volé, saigné, pressuré la France, au grand contentement de la bourgeoisie capitaliste. Basile est devenu géant. Tartuffe s'est multiplié. Le cloporte sacré, la punaise eucharistique ont si bien envahi la maison, que, bientôt, elle ne sera plus tenable à son maître légitime. Les hommes de Quarante-huit ont rouvert la porte aux congrégations. Ils ont voté la loi Falloux, rendu l'instruction de la jeunesse aux révérends pères, aux Léotades, aux Flamidiens, à tous les bandits, noirs, marrons ou blancs, jésuites, ignorantins, maristes, dominicains, — dévote crapule dont le moindre crime est de plonger leurs élèves dans les cloaques de Sodome. Car la plus honteuse souillure physique est peu de chose, comparée à l'abrutissement irrémédiable, au larcin de la raison.

Mais la prospérité des hommes noirs date véritablement de la troisième république. Jamais
tant de couvents, d'églises, de chapelles ; jamais
tant de pèlerinages n'avaient escroqué l'argent
des imbéciles, que le clergé dépouille avec
l'assentiment des pouvoirs publics. On ne saurait faire un pas dans la rue sans tomber sur
toutes sortes de vermines dégoûtantes : sœurs
dites de charité, capucins, vicaires, chanoines,
étalant avec cynisme leur chie-en-lit théologal.
Des ministres de la Défense républicaine et de
l'assiette au beurre, suppéditent le clergé.
L'homme des Walkyries, le griset irréductible
des lupanars subventionnés, M. Leygues (si la
pudeur permet de s'exprimer ainsi) veille sur
l'ingurgitation du catéchisme par les élèves
des lycées. Il ajouterait une quatrième personne
à la trinité, si cela pouvait obliger le Père du
Lac, étant presqu'aussi dévot à la Madone
qu'aux dames chantantes et aux nymphes du
ballet. Ces pieds-plats, ces arrivistes ont donné
la jeunesse aux larrons en soutane et, par elle,
un pouvoir sans borne sur les affaires de l'état
aux moines et au clergé.

⁎
⁎ ⁎

Toutes les hontes qui nous lèvent le cœur
viennént du prêtre seul. L'antisémitisme, lè nationalisme, l'embrigadement des arsouilles de la
Patrie française, c'est au renouveau chrétien
que nous devons tant d'horreurs et de dégoûts.
Le règne du galiléen implique, en même temps,
le règne des mouchards, des eunuques, des
idiots et des souteneurs, la présence de Barrès,
de Drumont, de Coppée et de Lemaître, dans les
comices d'un peuple qui, naguère, se qualifiait
encore de spirituel, de chevaleresque et de poli.

Cette affaire Dreyfus, si grande et si misérable, a montré à quel point l'alliance du voleur
en soutane et du faussaire en tunique avait dégradé la France. Elle a ravivé heureusement
notre haine du Christ infâme et des patries scélérates, éclairé d'un formidable jour les hontes
du drapeau les immondices de l'autel.

Et c'est pourquoi nous fêtons à présent le
grand précurseur de la Révolution française, le
tueur de dieux, le libérateur d'esclaves, l'initiateur de la pensée libre, Denis Diderot. Parlant
des héros de Plutarque, Chamfort disait : « Ce

sont les saints des honnêtes gens. » Saluons en
Diderot le précurseur de l'athéisme, qui seul,
pourra donner à l'homme bonheur et dignité.
Les christicoles, dans leurs hagiographies répugnantes, ont célébré toutes les formes de la
paresse, toutes les manifestations de l'hystérie,
proposant à l'admiration du monde, les saints
mangeurs d'excréments, les saints pouilleux, les
saints qui méprisent les ablutions.

L'Église catholique n'a pas mis sur ses autels
une vertu sociale, n'a pas canonisé un acte utile
au progrès ou à l'humanité. A l'inverse, nous
honorons ceux qui ont œuvré pour le bien de
leurs frères, préparant des temps meilleurs aux
races à venir. Tel est le sens de nos fêtes civiques, la moralité de ces grands jours.

Mais il ne suffit pas d'apporter aux morts des
guirlandes filiales, d'exalter leur souvenir en de
pieuses commémorations. Comme les guerriers
antiques juraient sur le foyer de leurs pères, sur
le tabernacle ancestral, de défendre la terre des
aïeux, promettons nous, ici, de continuer l'œuvre des philosophes qui nous ont légué leur
exemple et leur enseignement. Apprenons de Denis Diderot l'amour de la révolte, l'insurrection
permanente contre les forces mauvaises de

l'obscurantisme et de l'asservissement. Soyons
comme lui des éleuthéromanes,. des amants im-
placables et frénétiques de la liberté.

*
* *

La première de toutes est celle de l'esprit.
L'éducation la confère par l'étude, par la pensée
affranchie de symboles mystiques et d'obser-
vances légales. Préservons cette liberté dans
l'enfant, dans l'écolier, dans l'adolescent qui
marche vers l'aurore et que l'enseignement
chrétien pousse à rétrograder vers la nuit ; car le
degré de civilisation d'un peuple se mesure à la
dose de christianisme qu'il peut éliminer.

Sauvons les citoyens de la cité future, préser-
vons-les soigneusement de la fange catholique.
Nous avons un ennemi commun : prêtre ou
laïque, instituteur ou sorbonnagre ; cet ennemi,
c'est l'éducateur chrétien. Ne souffrons pas que,
sous couleur d'une tolérance mensongère, sous
prétexte de liberté pour le père de famille, l'esprit humain, à son éveil, contracte une souillure
ineffaçable. Quoi ! vous auriez fait des lois pour
préserver la fortune du mineur, donné des freins
à cette liberté paternelle, quand il s'agit d'aliéner

les biens de son enfant, et vous n'oseriez la restreindre pour sauver la conscience, pour garder
ce que l'homme a de meilleur, c'est-à-dire la
vertu de connaître et le pouvoir de réfléchir !
Vous auriez plus grand souci de veiller sur
quelques pièces d'or, sur un lopin de terre, que
sur le développement intérieur, la personnalité
même de celui que vous avez mission de pro-
téger !

Non. Il faut préserver l'enfant. Gardez-le des
baptêmes infectieux et des premières commu-
nions émétiques. C'est à la mère de le débar-
bouiller, au père de le nourrir. Epargnez-lui désormais le pain des anges et les fonts jaillissants
de la vie éternelle. Homme, quand il aura pu
voir en face les réalités, quand il ceindra ses
reins pour les luttes immanentes, il pourra,
conscient et libre, choisir son culte, raisonner
sa foi.

Mais que pèseront alors, pour cet être jeune
et robuste, pour cet être en possession de lui-
même, les insanités religieuses, les fantômes
saugrenus qui ont abruti ses devanciers ? « C'est
l'éducation de l'enfance — disait notre Diderot —
qui empêche un mahométan de se faire baptiser.
C'est l'éducation de l'enfance qui empêche un

chrétien de se faire circoncire. C'est la raison de
l'homme qui fait mépriser le baptème et la circoncision ». Fort de lui-même, de son audace
et de son libre courage, il ne demandera pas,
le héros des temps futurs, il ne demandera pas
son dieu aux théogonies périmées, mais bien à
son propre génie, à sa vigueur créatrice. Ce dieu,
il l'enfantera de lui-même, pour la joie et la santé.
de l'univers.

Etre en république, cela n'importe guère si
la forme politique ne correspond à une mentalité nouvelle, si le prétendu libéralisme des ins-
titutions ne se manifeste pas dans la vie sociale.
Qu'importe que nous ayons, après le triclinium
de Von Millerand, ce couvent dont M. Jules
Guesde serait tout à la fois le pape, le caporal
instructeur et le grand pénitencier, si nous
n'avons éliminé de notre for intérieur les phantasmes du passé ? Il faut créer des mœurs répu-
blicaines et, suivant, pour la première fois, une
méthode rationnelle, garantir le développement
intégral de ses facultés à chaque individu. Seule,
une société sans dieu ni maître peut donner à
l'homme ces fruits de joie et de miséricorde.

Nous avons appris que l'indulgence envers
les suppots de la déraison est un leurre funeste,

que rien ne nous est commun avec le prêtre, ni
lois, ni pays, ni doctrine, et que cet infâme doit
être à jamais excommunié de l'humanité.

Combattons-le sans merci. Nos devanciers
nous ont laissé des armes. Ils ont porté devant
nous des torches qui ne s'éteindront plus. Que
Diderot nous montre le chemin ! Guidés par sa
doctrine, marchons d'un pas intrépide et, sur
la route élargie, passons, à notre tour, la torche
sacrée aux jeunes hommes qui viendront après
nous, pèlerins des temps nouveaux, pour qui
nous aurons préparé, dans un effort magnanime, la conquête de la raison, de la justice et
du bonheur.

CONTRE LE « GRAND JEUNE » ISRAÉLITE

(5ᵉ sans-culottide, fête des Récompenses, an 109).

A l'époque du jeûne expiatoire, vos aïeux offraient à leurs Elohims un taureau de quatre ans avec un jeune bélier : l'un, comme holocauste, l'autre comme victime de propitiation, cependant qu'un bouc maléficié s'en allait par le désert, emportant vers Azazel toutes les iniquités du peuple élu.

A présent que l'usage est périmé de consacrer aux puissances occultes le « sang des boucs et des génisses », il ne reste plus que l'oblation des victimes humaines, pour satisfaire la tenace cruauté du bourgeois. Or, cet honneur m'est échu d'être l'hostie émissaire dont le Social-Lucullus fait hommage à notre « petit-père » le tsar Nicolas II.

Avec un peu de présomption, il me serait aisé d'imaginer quelque vaudeville protocolaire dans le genre que voici :

Après avoir fait le tour de Compiègne, pour assurer le confortable au « petit-père » et à sa suite ; après avoir constaté, par lui-même, que les placards ne recèlent point d'anarchistes ; après avoir fait jouer les matelas, ausculté les sommiers, approfondi les tables nocturnes et déclanché les grandes eaux du petit endroit, Millerand, la bouche en cœur, tient le flambeau du Romanoff et, dans une dernière courbette, emportant les chaussures de l'autocrate, lui dit, avec ces manières de l'Œil-de-Bœuf dont lui seul garde encore le secret : « Rien ne manque à Compiègne, sire ; Laurent Tailhade est en prison ». Il serait, néanmoins, prématuré de dire que j'habite Clairvaux ou Fresnes-les-Rungis. C'est à Montfort-l'Amaury, dans une petite ville balzacienne et déserte de Seine-et-Oise, que m'a touché l'assignation à comparaître devant la magistrature de mon pays. Car, libertaire ou non, le contribuable n'en jouit pas moins du bienfait des lois. Et, sans privilège autre que celui des messieurs riches, l'incarcération est offerte avec une sereine dichotomie aux électeurs du pays de France.

Les nationalistes ont profité de cette conjoncture pour m'accuser d'être allé voir des Rubens à Anvers ou des couchers de soleil sur la Mer de glace, tandis que, par mon fait, quelques-uns de nos camarades se trouvaient en relation avec le Petit parquet.

Outre qu'il n'est pas dans mon humeur de décliner la responsabilité de mes actes, quels qu'ils soient, ni de me dérober à leurs conséquences, je n'aurais garde, à présent, de désavouer, par la fuite, le pamphlet du *Libertaire* dont je m'honore, à la face de tous, avec un juste orgueil. Le seul regret que m'eût causé une telle aventure, c'est qu'elle m'eût privé de participer à votre manifestation anti-religieuse si hautement représentative.

Il convient, ainsi que vous le dit M. Alfred Naquet, il convient que les juifs protestent, dans leur monde, contre le surnaturel et que, par le fait des libres penseurs de tout rite, de tout dogme et de toute race, une même dérision enveloppe les cérémonies cultuelles aussi bien que les doctrines morales ou métaphysiques d'autrefois. Il importe que le judaïsme soit bafoué par les juifs, la réforme par les protes-

tants et le catholicisme par les hommes éclairés
qui ont eu la mauvaise fortune de naître dans ce
dépotoir.

Le Yom-kippour n'est pas moins bouffon
que le vendredi-saint. Iahvé n'est pas plus
ragoûtant que le Sacré-Cœur. Les pains de
proposition, l'eucharistie du mufle Langénieux,
furent boulangés avec la même farine, cuits
dans les mêmes fours, imbéciles et dévots. La
circoncision, plus hygiénique, est un sacrement
tout aussi drôle que les baptêmes à l'eau du
Jourdain. Néanmoins, Israël garde au passif la
conjoncture aggravante de nous avoir inoculé
un dieu. La fiente du Grand-lama, les poux de
Benoît Labre et les ulcères de Job, toute l'ancestrale pourriture sacrée doit disparaître, lavée
à grande eau par les fontaines de la justice,
éclairées d'une pure lumière par le soleil de la
raison.

Aux regards désillés des antiques mensonges,
l'erreur qui séparait les familles humaines a
cessé d'exister. Quelles que soient leurs origines, la Révolution, notre mère, nous a fait
connaître que tous les hommes doivent prendre
une place égale au foyer de l'Humanité, qu'il
n'existe ni juifs, ni chrétiens, ni français, ni

allemands ; que les formules ethniques sont un leurre, les frontières patriotiques, une consécration abominable du vol, de l'oppression et de l'assassinat.

Néanmoins, à l'heure présente, les israélites feront preuve d'habileté politique, et de grandeur morale en se groupant, de la façon la plus stricte, en conservant, pour les luttés à venir, la tradition de leur passé. Aux fureurs anachroniques des antisémites, à la guerre intentée aux capitaux juifs par la rapine cléricale, opposez une entente plus étroite, une cohésion plus intime des éléments de civilisation que vous portez en vous.

Toujours, Israël fut en possession de remuer les états, de donner aux peuples stagnants une impulsion roborative. D'autres moissonnent le froment et labourent le terroir ; mais les juifs décernent au laboureur un levain plus précieux que l'or même, un levain qui anime la pâte et la fait nourricière. Vous êtes le sel du monde, les précurseurs immémoriaux de la révolte et du bon droit.

Et c'est une erreur grave que de pactiser, comme le font quelques-uns des vôtres, avec les plus abjects de vos ennemis, de courber la

tête devant le Christ sordide et ses infâmes
suppôts. A votre banquet de libre pensée et
d'affranchissement, les « grands juifs » n'assis-
teront pas plus que les chrétiens opulents à nos
réunions de la Semaine sainte. Aryas ou
sémites font voir une mentalité pareille. C'est
pourquoi le faubourg Saint-Germain et les banquiers de la rue Laffitte vivent dans un si parfait
accord. Le snobisme qu'Armand Klotz reproche
à vos congénères, comme si la sottise des
mondains n'était pas la même dans toutes les
races — plus vaste que la mer, plus incommensu-
rable que l'azur étoilé — le snobisme fleurit
aussi bien dans les hôtels de la rue de Varennes
que dans le comptoir des *judengasses*. La fusion s'opère, grâce aux renégats du sémitisme,
aux sycophantes et aux valets qui, d'une langue
infatigable, lampent un océan de boue, aux
juifs antisémites : Arthur Meyer, Mézières,
Pollonnais, ces vauriens qui portent au cœur la
patte d'oie de leurs ancêtres ; ces pieds-plats que
leur honte civique flétrit d'un opprobre plus
indélébile que le bonnet jaune ou la colaphisa-
tion.

Entre petit Bob grandi qui épouse l'héritière
de Moïse et Moïse que délecte l'alliance, qui

donc est le plus vil ? Qui donc est le plus bête ?
L'ignorance, l'avarice, le manque de beauté,
les rendent également dignes d'occuper les mé-
ditations de la vieille madame Gyp. Quand ils
s'agenouillent à l'autel du Veau d'or, leur
échine a la même courbure, leur génuflexion
la même bassesse, leur égoïsme la même férocité. On connait le dialogue : « Mais, mon ami,
dit Rothschild à un électeur, je ne suis pas clérical, n'étant pas catholique. — Oh ! monsieur le
baron, il s'en faut de si peu. Et puis il y a manière ! »

Après l'inique jugement de Rennes, les uns
et les autres s'entendirent comme barons en
foire pour passer l'éponge, faire le silence et ne
plus parler des anciens torts. Quant à nous,
héritiers de la Révolution française, soit que
notre pennon arbore l'écarlate des anarchistes
ou le rose imprécis des radicaux, nous ne sau-
rions adopter de si lâches conseils. Non,
l'affaire Dreyfus n'est pas finie ! Elle commence
à peine. Et tous, tant que nous sommes, nous
mettrons notre orgueil à la prolonger encore.
Aussi longtemps que le riche dominera par les
ténèbres et par la force brutale, aussi longtemps
que la haine, l'ignorance et le despotisme asser-

viront la presque totalité du genre humain, tant
que des chiens à face d'hommes acclameront
les empereurs en voyage, tant qu'on brûlera
aux moineaux, pour d'ineptes réjouissances, le
pain des malheureux ; tant que des bornes et
des frontières circonscriront les champs et limi-
teront les patries ; aussi longtemps que la terre,
commune demeure, indivisible patrimoine de
l'humanité, sera la proie du soudard imbécile,
du prêtre vorace et du capitaliste odieux, l'af-
aire Dreyfus sera toujours inscrite au rôle de ce
prétoire où la conscience des hommes juge les
scélérats et les obscurantins.

Mais quand les fils des opprimés, qui sont, —
dit votre psalmiste, — pareils aux sagettes d'un
vigoureux archer, auront conquis enfin le Cha-
naan de la justice, de la paix et de l'amour ;
quand, ayant « la Terre pour terre promise et
le monde pour Jérusalem », ascendant vers cette
Hierouschalaïm universelle, comme jadis les
tribus du Seigneur vers l'acropole de David, ils
pénétreront dans les habitacles de l'univers pa-
cifié, — tel, au soir du Yom kippour, le cohène
hagadol, vêtu d'habits de lin et soulevant une
courtine de pourpre, franchissait le seuil du
sanctuaire, tandis que, majestueusement, écla-

taient le schöffar d'allégresse, les trompettes de
la jubilation, et qu'un encens plus pur fumait
sur la braise ardente des trépieds, — alors seulement les temps seront accomplis et le grand
pardon réalisé pour toujours. Car, alors seulement nous aurons chassé l'iniquité, la tyrannie
et l'arrogance ; car, alors seulement, les citoyens
de la cité pérennelle auront donné un gîte, des
aliments et leur amour aux pauvres comme aux
déshérités ; car, alors seulement, la gloire du
juste, du penseur et du miséricordieux brillera
dans les ténèbres, plus lumineuse que l'aurore,
plus éblouissante que le soleil.

Avec vous, chers camarades, je bois à l'avènement des jours meilleurs. Par delà ces vaines
barrières de la séparation, de l'éloignement, de la
fatigue dont m'accableront, demain, les travaux
de l'inculpé, je vous adresse dans notre amour
commun pour l'Internationale ét la république
sans dieu ni maître, un salut cordial, un salut
d'espérance et de fraternité.

APRÈS LA SENTENCE

(24 et 26 vendémiaire, an 110).

A Louis Grandidier.

La société bourgeoise vient de me conférer la même distinction à laquelle je pouvais honnêtement prétendre ; elle a couronné par sa monstrueuse, par son inique vengeance, une carrière vouée au culte de la justice et de la beauté. L'empereur d'Autriche fait baron le collectiviste Millerand. Chaque souverain de l'Europe accorde tour à tour ses ordres, ses cordons, ses plaques et ses croix au renégat de Saint-Mandé. Jamais les décorations ne furent qualifiées plus justement de crachats ; elles étoilent d'une honte indélébile ceux qui, pour la signature, pour la gloriole et pour l'argent, ont trahi la foi du peuple, l'espoir des miséreux.

En m'infligeant un an de prison, la valetaille enjuponnée de la neuvième Chambre n'a fait qu'obéir aux ordres du ministère. Depuis longtemps, la magistrature française est en possession de rendre des services et non plus des arrêts. Dans les ergastules et les lupanars, dans la caverne de ses prétoires, elle prostitue ignoblement la loi aux plus forts, aux plus riches, aux plus déshonorés. Comme une chienne, elle bave d'amour sur les bottes du maître, et, pour obéir à ses injonctions, elle aboie à l'homme libre qui passe, ne voulant saluer ni le chapeau de Gessler, ni la croix des cathédrales, ni cet infâme haillon qui se nomme le drapeau.

Le jour où sonneront à nos portes les trompettes des barbares ; quand les chevaux d'Attila fouleront une fois de plus le sol conquis par la pensée humaine, par la Révolution en marche et par l'athéisme libérateur, nous les verrons, ces juges, apporter au conquérant l'hommage de leur bassesse, et, plus vils que les soldats, que les prêtres eux-mêmes, consacrer l'usurpation, le viol des consciences ; nous les verrons, d'une main ténébreuse, anéantir les restes de civique dignité que le sabre épargna et que la croix turpide fut impuissante à bénir.

Ces hommes, vêtus d'un costume grotesque,
séparés de la commune existence par des barrières scélérates, ont frappé en moi l'indépendance intellectuelle. Ils ont frappé cet art
d'écrire qu'ils haïssent dans leur exécration
de cuistres impuissants et jaloux. Ces bourreaux
mal appointés qui, chaque semaine, édictent
de féroces châtiments contre les vagabonds, les
filles-mères, les sans-logis et les sans-pain ;
qui, pour calmer les terreurs de la ploutocra-
tie, imposent l'amende, la prison et le bagne
aux délinquants de la pauvreté ; ces tigres et
ces pourceaux, qui rivent plus durement les
chaines de la prostituée et compliquent les
douleurs de la fille-mère, ne peuvent endurer
sans haine et sans effroi un citoyen né comme
eux et, plus qu'eux, au sommet de l'échelle
sociale, qui, venu des classes dirigeantes, évoque devant leurs ministres, leurs préfets, leurs
archevêques, leurs généraux, devant la coalition tout entière, la coalition implacable et
criminelle des bourgeois, ce fantôme vengeur
du pauvre et du déshérité, ce fantôme qui,
malgré leurs entreprises, leurs crimes et leurs
abjections, viendra s'asseoir à leur table
comme Banco sanglant au festin d'Inverness,

faisant luire devant eux les mots prophéti-
ques dont les kérubs de Daniel épouvantaient
les rois d'Ashur.

La philosophie d'Hercule, ce « contre un »
du xvie siècle que la réforme apprit à la Boé-
tie, qui permet aux consciences libres d'affronter la tyrannie et les mensonges, appuyées
au roc indestructible du droit et de la vérité,
fait pâlir, sous la toque liserée d'argent et la
simarre blanche, le troupeau gangrené des ro-
bins à tout faire.

Ils tremblent, ces eunuques, ces pieds plats,
tandis que grondent sur les repaires de leur iniquité la tempête des révoltes et l'ouragan généreux de l'éternelle insurrection. Ils sont la
haine, le passé, les ténèbres. Sur leur tête, grandit l'aurore de l'avenir et de l'amour. Ces hi-
boux, pendant qu'ils vivent encore, essayent
de prendre une revanche contre le soleil.

Jeudi dernier, à la neuvième chambre, le
substitut Pacton, frais émoulu de sa province,
apportait contre moi les récriminations des
jésuitières, des casernes, des maisons de passe
et des abonnés du *Petit Journal*. Manifestement, cet imbécile avait le désir, non seulement
de gagner son cachet, mais de complaire au

nègre Cassagnac, au juif Arthur Meyer. Il cha-
touillait le sexe de Barrès, l'ouïe de Charles
Maurras, le bon endroit suranné de la vieille
madame Gyp, Gyp dont les élégances de mar-
chande à la toilette conféraient au prétoire
quelque chose d'une parfumerie interlope, d'une
boutique de gantières où l'accroupissement est
de rigueur.

En substance, l' « organe du ministère public », me reproche d'avoir manqué, en donnant au *Libertaire* l'article qui m'a fait pour-
suivre, de courage et de magnanimité. Il m'aurait fallu, pour obtempérer à ses conseils, aller
férir moi-même Loubet ou Nicolas, et savoir si
ces augustes personnages rendaient, comme les
consul Duilius, de la sauce de grive par leur
artères scarifiées.

Mon avocat, dont aucune louange ne peut
récompenser le talent aussi bien que le zèle,
aurait eu bonne grâce à répondre que, pour
un délit moins formel, Cyvoct emporta dix
ans de bagne ; que, si un fou comme Salsou
ou bien une mouche de la Préfecture —
M. Puybaraud, a tant d'imagination et d'esprit !
— avait tiré sur Nicolas II une cartouche à
blanc, j'étais poursuivi, non pour un délit,

mais pour un crime, non pour une provocation
au meurtre, mais pour complicité d'assassinat.

Une gazette cléricale de province traitait,
naguère, d'ecchymose l'ablation de mon œil
droit. Le Pacton estime que la guillotine est une
indisposition négligeable, sans doute, à cause de
sa rapidité.

Après tout, il a raison, ce domestique. Nulle
tribune, fût-elle ornée des rostres du triomphe
ou des palmes immarcescibles de l'éloquence,
ne permet à ce point d'évangéliser les foules et
de dire au peuple un mot régénérateur.

Mais, vous le savez, camarades, le sordide
jugement de la Neuvième chambre vise autre
chose qu'un délit spécial, autre chose qu'une
infraction aux lois de 1894 et qu'un appel au
justicier, devant les hontes de la France, devant
l'apothéose du bourreau des étudiants russes et
de Tolstoï.

C'est la liberté de penser qu'ont frappée en
moi les larbins du ministère et qu'un avocat
de la République prit à charge d'insulter.
Certes, M. Pacton a l'honneur d'être idiot par
la tête et goujat pour le surplus ; mais d'autres
veillaques, en ce jour, que les intérêts débat-
tus font illustre parmi les combats de la rai-

son et de l'indépendance, d'autres ont assumé une flétrissure qui ne pardonne pas.

Le stellionat, les pots de vin, la concussion, le trafic et la vente de soi même, tous ces motifs de gloire ne suffisaient point à M. Yves Guyot, économiste bourgeois.

Après avoir demandé l'électrocution d'Emma Goldman, il assure, il profère que ma condamnation ne porte aucune atteinte à la liberté de penser et que l'écrivain ne saurait avoir de franchise qu'à condition de ne prendre aucune part à la chose civique, et de se confiner dans une tour d'ivoire, en chantant aux étoiles, cependant que les repus engraissent librement.

Ces mufles, ces arrivistes, ces parlementeurs, comme les baptise le nationaliste Daudet, ont la haine de l'intellectuelle virilité ; ils ne souffrent pas que l'on pense et que l'on écrive ; ils redoutent qu'une voix harmonieuse ou courroucée fasse entendre à leurs oreilles poilue un cri de miséricorde, un cri de féconde insurrection. Ici, l'imposture est manifeste et le sophisme est évident.

« C'est une grande entreprise — disait Anatole France — que de restreindre la liberté de l'esprit. » Ajoutons que c'est le plus grand crime,

auprès duquel et la rapine militaire, et la cléricale escroquerie, et tous les genres de larcins
dont les pouvoirs publics attristent leurs feuda-
taires, ne sont que jeux d'enfants, grivèlerie et
peccadille. La brèche est faite, désormais. La
pensée est un délit, quand elle ne se conforme
pas aux dogmes reçus par le gouvernement.
C'est, aujourd'hui, la prison qui la frappe. Demain ce seront le bagne et l'exil. Après Clairvaux ou la Santé, viendra la Sibérie. Et « la
maison des morts », pour les écrivains descendus de Diderot, d'Helvétius et de Voltaire, s'ouvrira comme, jadis, pour Gogol ou pour Dostoïewski.

Le Saint-synode et le Saint-office domine-
ront sur nous. Monis, grand Inquisiteur, livrera
au bras séculier les historiens, les artistes, les
penseurs, coupables de n'avoir pas embrassé
les palinodies et les faiblesses du cabinet.

Naguère, c'était la provocation au régicide ;
bientôt, ce sera le refus d'obtempérer aux en-
cycliques du pape. Déjà, les garçons de police frappent avec une rage de cannibales
sur les groupes de libre-pensée qui portent
des couronnes à la statue de Dolet ou qui
tendent vers l'azur notre drapeau rouge, le

drapeau rouge, couleur du feu générateur des
arts et du soleil, père des moissons. Ils nous
défendent l'*Internationale* et bientôt la *Mar-*
seillaise ; mais que Langénieux et des cuistres
violets, que des moines aux pieds hydro-
phobes et des paillasses à curés emplissent les
carrefours de bannières, de chantres, de communiantes en robes blanches, de laiderons en
voiles bleus et de gitons en camails pourpre,
la Préfecture, chrétienne comme chausson, depuis le dernier indicateur jusqu'à M. Lépine,
ouvrira un ample chemin aux exhibitionnistes de
l'eucharistie, inventera même, en leur honneur,
des prosternements et des génuflexions.

Les juges de la troisième république aggra-
veront de tout le poids de leur bassesse les
chaines que la bourgeoisie capitaliste essaye
en vain de donner au libre essor de l'intellect ;
ils changeront en *in pace* la prison glorieuse
que, depuis un siècle, ont magnifiée les Chateaubriand, les Courier, les Proudhon, les
Lamennais, tous ceux qui refusèrent leur
hommage au Veau-d'or, qui proclamèrent les
revendications du juste, firent entendre l'appel
imprescriptible de la raison et de la beauté.

Opprobre des tyrans, les geôles deviennent

plus étroites chaque jour et l'état démocratique refuse aux penseurs des libertés que la Restauration n'eût osé abolir.

En attendant qu'on nous déporte, — car c'est, disait, naguère, Urbain Gohier, vers les mines de l'Oural que la Défense républicaine devrait expédier les écrivains coupables d'irrévérence envers notre petit père Romanoff, — en attendant qu'on nous déporte, on nous met sous les verroux.

J'ignore si le garde des sceaux, si les heiduques de l'Intérieur iront jusqu'au bout, s'ils oseront m'embastiller dans une prison de droit commun, la tête rase et la veste grise aux épaules, s'ils me feront abandonner ma tâche littéraire pour assembler des chaînes ou tricoter des bas.

Les casemates d'Irkoutsk, les *piombi* de Venise ont asservi à leurs mornes labeurs Silvio, Maroncelli et Féodor Michaïlowitch.

Ce me serait une gloire nouvelle, une attestation plus haute de ma croyance que d'éprouver les douleurs d'un si noble martyre ; Certes, la casaque, les fers du prisonnier seraient pour moi, mais l'infamie éternelle pour ceux qui me les auraient imposés.

D'ailleurs, après avoir fréquenté les mouches
de police et les juges et les porte-clefs, ce me
serait un bienfaisant repos que de causer avec
des escarpes ou des cambrioleurs. Il est doux
et reposant de connaître çà et là, quelques gens
qu'on n'est pas tenu de mépriser.

Il serait, à coup sûr, un peu ridicule de se pa-
rer de stoïcisme devant les lâches rigueurs de la
troisième république ; mais, je l'atteste ici, devant ceux qui m'apportent le précieux témoignage de leur sympathie et de leur approbation,
les douze mois d'exil qui me tiendront éloigné
de vous; citoyens et camarades, n'amortiront
point les ardeurs qui m'ont fait votre ami,
n'étoufferont point, sous d'égoïstes conseils,
cette flamme de révolte que, malgré les ans et
la misère humaine, je n'ai cessé de porter en
moi.

La presse immonde, parlant par la bouche
de ses égouts comme le héros de Calderon par
la bouche de ses blessures, la presse immonde
prétend que j'ai nui à l'alliance, que j'en ai
compromis les effets et que l'autocrate de la
Russie ne promènera plus, à travers la France,
les parades cyniques, les exhibitions de cirque, où le gouvernement et les membres de

la Défense républicaine prenaient l'emploi de
queue rouge et de chien savant.

Puissé-je, en effet, dans la mesure de mes
forces, avoir préservé d'un tel affront la conscience publique, épargné à nos frères de Kiew,
de Moscou, de Pétersbourg, la honte de choir
aussi bas que les nationalistes et les chrétiens
d'ici.

Le grand Tolstoï a stigmatisé, comme il
convient, la turpitude et la scurrilité d'une
entente française avec le gouvernement du
tsar. C'est la peur qui dicta ces noces abjectes,
la peur de l'infâme bourgeoisie atteinte dans
ses biens par le socialisme, et, demain, il faut
le croire, dans sa vie elle-même par les révoltes grandissantes ; c'est la peur qui traîne
devant les bottes du cosaque les fils dégénérés de la Révolution.

Les avocats, les maîtres, les glorieux amis
qui m'ont défendu à la barre, ont affirmé que
les pages du *Libertaire* ne pouvaient induire
en un acte vengeur les opprimés et les esclaves
contraints d'assister à la parade honteuse de
Bétheny. Je le regrette dans mon esprit et
dans mon cœur. Si la voix enflammée des
poètes et des philosophes, si les accents que

nous dicte une brûlante indignation tombent
dans un vide sans écho ; si nous ne pouvons,
désormais, tremper en un verbe de lumière le
poignard de Chéréas ou le couteau des pana-
thénées ; si la conscience magnanime de Louvel est, pour toujours, éteinte dans les h .mmes
d'à présent, que le soleil se voile et que, devant l'inéluctable turpitude, les jeunes étoiles
ferment à jamais leurs chastes yeux ! Cher
Harmodios ! Heureux Aristogiton ! Vous, du
moins, alors que vous frappiez à l'autel de
Pallas et parmi les apprêts du sacrifice, un
tyran plus beau que Diomède ou que le divin
Achilleus, vous couronniez de myrthe le fer
libérateur. Mais, dans notre siècle de honte
et de fange, pour conduire au néant la bourgeoisie implacable et stupide, la bombe même
de Vaillant ou d'Orsini est une arme trop
pure, un trop noble moyen. C'est dans l'excrément seul qu'elle devra périr, cette bourgeoisie odieuse, dans l'excrément dont elle ne
diffère que par l'énormité de sa puanteur.
Et quand elle sera morte, râlant dans la fosse
innommable, avec ses généraux, ses ministres,
ses banquiers et ses magistrats, il restera,
pour étouffer ses prêtres, une sentine plus vé-

néneuse encore ; on les plongera, ces prêtres
escrocs et malfaiteurs, on les plongera, pour
les détruire, dans leur crasse, dans le bain, dans
le premier bain de Flamidien.

Mesdames et chers camarades, sur les bancs
de la police correctionnelle, et malgré les
espions de tout uniforme dont foisonnait la
cour de Mai, vous m'acclamâtes, au sortir de
cette audience mémorable. Je ne garde pour
moi, de vos applaudissements, que l'amitié
dont ils furent la preuve. C'est à l'idée, à la
révolution éternelle que je rends la gloire
qu'ils m'ont impartie.

C'est vers la liberté, vers la liberté de penser
et d'écrire, vers la liberté férue en ma personne
par la haine sournoise des pouvoirs publics,
vers la liberté, que montent vos hommages. Non
à moi, passant d'un jour, mais à son nom, con-
sacrez une ardeur qui ne défaille pas ! En créant
des martyrs, des opprimés, la société bourgeoise
hâte l'avènement de la justice et l'éclosion d'un
temps plus doux. Chaque fois qu'elle envoie au
bagne, en prison, un libertaire ; chaque fois
que, par d'iniques amendes, elle dérobe le fruit
légitime du travail, elle fomente les révoltes
d'où l'humanité nouvelle surgira.

Les poursuites dirigées contre moi ont fait connaître l'essentiel de mon article au monde entier. Jamais propagande anarchiste ne fut plus radicale, plus efficace que cette diffusion de notre verbe, ordonnée ingénieusement par le ministère et le parquet.

La bonne semence est jetée. Elle dort, à présent, sous la javelle. Ces orages qui nous frappent vont hâter son éclosion. Que la plaine verdisse et qu'un beau soleil redore le froment ! Nous aurons l'insigne honneur d'avoir tracé dans la glèbe réfractaire, le sillon nourricier.

Et lorsque, près du champ fertilisé par nos labeurs, il nous faudra prendre place aux côtés des ancêtres, l'aube des temps nouveaux illuminera nos fronts. Les moissonneurs adolescents, chargés d'épis, mêleront aux chants d'allégresse le nom de leurs aînés, de ceux qui, comme nous, travaillèrent pour la récolte future de la justice et de la liberté.

*
* *

Avant de quitter la tribune et de céder la parole aux amis fermes et généreux qui viennent m'apporter ici le réconfort de leur

11

estime et de leur solidarité, souffrez que
j'adresse un public remerciement aux artistes,
aux écrivains, aux penseurs de tous âges et
de toutes professions qui défendirent en ma
personne la plus haute de nos franchises, celle
du verbe et de l'écrit! Zola, France, Hérédia,
Mirbeau, Jourdain, Ledrain, mon bon et cher
maître, monsieur de Boisjolin, m'ont apporté
en ces jours de luttes l'appoint sans égal de
leur génie et de leur autorité.

Avant-hier, à Montmartre, c'étaient Pres-
sensé et Gohier, Le Grandais, Séverine, Chau-
vière, Sembat, une légion prise entre les
meilleurs du socialisme et de l'anarchie. Ce
soir, c'est Charbonnel, infatigable défenseur,
éloquent apôtre de la libre pensée, Paul Fleurot
et ses jeunes amis de la Ligue démocratique des
Ecoles, qui portent au condamné d'hier, au prisonnier de demain, à leur aîné qui les aime un
tribut d'affection et de cordialité.

Et puis, au palais de justice, au meeting de
Montmartre, à la réunion du Pré-aux-Clercs,
c'est toujours vous, mon cher Gustave Kahn,
qui, poète, ami et citoyen, me donnez, sans
restriction ni mesure, l'aide glorieuse de votre
amitié.

Sur le terrain et devant les épées nues, dans la vie quotidienne et contre les abjectes calomnies qui grouillent inévitablement sous les pas d'un homme libre, dans les jours de maladie et d'accablement, où votre foyer me fut ouvert, paré des grâces hospitalières qui vous environnent, partout vous fûtes mon témoin irréprochable et consolateur.

A vous, à tous ceux qui m'ont entouré, soutenu, fortifié dans ces heures mémorables, j'offre, d'un cœur pénétré, l'hommage d'une gratitude fraternelle et sincère, d'une gratitude qui ne finira qu'avec mes jours.

TOAST PORTÉ AU BANQUET DE PROTESTATION
CONTRE LES JUGES DE LA IXe CHAMBRE

(27 vendémiaire, an 110).

Je voudrais oublier les préoccupations d'ordre purement civique, la sentence misérable
qui atteint en ma personne la liberté de penser
et d'écrire afin d'emporter, ce soir, l'unique
témoignage de votre amicale solidarité.

A la veille d'une triste départie, il vous a semblé juste de fêter le compagnon qui vous abandonne, de lui verser le vin de l'étrier, d'em-
bellir ses adieux de toute votre jeunesse et de
votre affection. C'est un banquet d'amitié où
vous m'appelâtes, un banquet où, sur mes
tempes grisonnantes, vous effeuillez les églan-
tines de Ronsard, et le tilleul d'Horace, et les
roses pivoines du doux Li-taï-pé.

Artistes, écrivains, poètes, il semble que
nous soyons ici, pareils aux bergers des
églogues, assemblés pour dire des vers ou
faire sonner des musiques : et cet hommage
que vous offrez au condamné d'hier attendrit à
peine d'une douceur mélancolique votre concours juvénile et charmant.

Pour avoir fait service au bon droit, à la
raison, à la pudeur ; pour avoir prêté une formule au dégoût, à la honte, à la détestation
dont les mascarades franco-russes écœuraient
les âmes un peu hautes ; pour avoir, et je
m'en glorifie, attesté le droit d'Harmodios
contre le tyran ; pour avoir craché notre haine
au visage du monde capitaliste et de Nicolas II, et de la France plus abjecte qu'une
guenon amoureuse, voici que j'ai appelé sur
ma tête les foudres serviles des domestiques
en jupon noir.

Ce m'est un honneur sans pareil.

Entré dans le prétoire sans autre valeur que
celle du premier citoyen dévoué aux libertés
publiques, j'ai reçu l'investiture de la persécution et le lustre que donne l'arbitraire aux victimes de son choix.

En m'accueillant ici, vous célébrez en moi

tous ceux qu'ont molesté, depuis sept ans, les
lois du ministre Dupuy, ces lois nommées scélérates qui ont osé contre l'indépendance de
l'écrivain des forfaits dont eussent rougi les
Bourbons, Louis-Philippe et le « somnambule
obscur » de la débâcle, le sinistre Napoléon III.

Millerand, le baron von Millerand, fait appliquer par ses sycophantes aux libres esprits,
des pénalités inconnues à Guizot ou à M. de
Villèle. Ce parvenu exhibe une conscience
de laquais et porte une âme de bourreau. Lui
qui, pendant cinq années consécutives, du haut
de son siège de député, à chaque législature
nouvelle, demandait l'abrogation des lois scélérates, les brandit à présent sur le front des
hommes libres, du même air de caporal om-
nipotent dont il abaissait les marchepieds devant le ménage Romanoff et perscrutait, dans
Compiègne le privé des autocrates, les tables
de nuit de leurs majestés.

Ce sont, à vrai dire, ses ennemis que vous
glorifiez en moi, les objets de la rancune ancil-
laire, de la pleutrerie et de la domesticité qui
relève à ses propres yeux le néant de ses débuts.

Puisqu'il a souffert qu'un ministère dont il
tient la vedette ose une pareille scélératesse, il

convient de blasonner cet imposteur, ce renégat, cet arriviste, d'une immortelle et sonore
infamie.

Les victimes qu'il a faites ne se comptent
plus. La Martinique, Chàlon, inscrivent en
lettres sanglantes le mémorial de ses forfaits.
Il intente contre un écrivain que peut à
défaut de talent, couvrir un passé de libre
honneur, des poursuites qui firent hésiter, et
le sinistre Dupuy et ce roquet méliniste de
Barthou.

Mon chevaleresque ami, Louis Grandidier,
en proie aux viles persécutions du ministère
de Défense républicaine, en a revendiqué noblement sa part. Qu'il partage aussi la gloire que
nous ont impartie les injures du parquet et la
sentence ignominieuse de la cour.

S'il fallait, ici, porter un toast, vous ayant
compris tous, amis divers, confrères et disciples, en un même élan de fraternelle gratitude ; après avoir porté la santé de Grandidier,
me souvenant que je fus persécuté par les
moujicks du cabinet pour obtempérer à l'ukase
de l'ambassade russe, je vous proposerai de
boire, comme les fantoches de Cronstadt, « aux
nations amies et alliées » :

à la Finlande,

à la Sibérie,

aux juifs roumains,

à l'Arménie,

à la Catalogne,

à la Sicile,

à tous les peuples que les rois dévorent, que les clergés abrutissent et que pillent, sans trêve, les soudards.

Pour fuir le despotisme de la Suède, la Finlande s'est annexée, en 1809, sous le régime de l'union personnelle, à la Russie, c'est-à-dire qu'elle conservait ses lois, que son armée n'avait rien de commun avec l'armée russe. Ce traité, en 1815, est confirmé, sous la garantie de l'Europe, violé en 1863, par Louis Bonaparte. Et quelqu'un dit alors : « Il n'y a plus d'Europe désormais ! ». Nicolas II a mis aux fers ce peuple libre, coupable seulement d'avoir eu foi dans ses aïeux.

Une élite se forme, en Sibérie, sous les verroux de la « maison des morts », dans les ténèbres de l'infrangible hiver ; l'exil, la prison, les mines sont les facteurs de cette élite. Des rives de l'Amoor, des plaines de l'Oural, sont revenus Herzen, Bakounine, Dostoïewski et tant d'autres. La pensée russe a pour nourrice les tortures et la proscription.

Misère, outrages, dénuement sont l'unique fortune des juifs roumains. Ils recommencent, plus misérables, la détresse de Job et l'exode des tribus, sans aborder jamais à la terre de promission où la maison de Jacob s'évade enfin des peuplades barbares. Drumont fait à grand peine assassiner, en Algérie, quelques israélites. Le roi Karol de Roumanie les écrase par milliers, sans raison, sans utilité plausible, pour rien — comme Louis XIV faisait égorger les protestants.

L'Arménie est garantie, assure-t-on, par la France, qui a l'entreprise de sauvegarder les chrétiens d'orient. Oui, mais il paraît qu'il faut que ces chrétiens soient catholiques, adoptent le concile de Nicée, emplissent la caisse des jésuites, et fassent éduquer leurs héritiers par Flamidien. Ceux qui, en 1897, se sont déclarés romains ont été sauvés par les couvents.

Quant aux autres, à ceux qui partagent l'erreur d'Eutychès — oh ! trois millions seule- ment — il est loisible de les chouriner comme un bétail.

Les catalans, ces gaulois d'outre-monts,
regardent aussi vers nous. La Catalogne, première assise du trépied maritime, Barcelone,
Marseille, Palerme, s'épouvante des horreurs
de Monjuich et veut se séparer de l'Espagne.
Le séparatisme est la condition du cosmopolitisme ; c'est par lui que l'église Saint-Michel
redeviendra le temple de Neptune.

La Sicile où les mères tuent leurs enfants
pour qu'à cinq ans, ils ne soient pas enfouis
dans les solfatares, la Sicile est encore une do-
lente proie offerte à la diplomatie européenne.
Tous craignent que l'Angleterre ne s'empare
du triangle sicilien, n'étende ses bras de Malte
à Gibraltar. Quel levier, en effet, pour soulever
le monde, que celui d'Archimède !

Et tous ces peuples, râlant sous le fouet, la
misère, l'oppression, escroqués par le prêtre
et volés par le roi, poussent, du Nord au
Midi, un hurlement de rage, d'épouvante et de
douleur. La France n'entend plus les plaintes
des nations endolories. Elle se coalise avec
les despotes pour étouffer les dernières traces
d'indépendance qui subsistent encore dans
quelques lieux de l'univers.

Nous, qui nous faisons gloire d'être des

civilisés, des citoyens du monde, qui récla-
mons le noble titre de sans-patrie comme la
plus belle couronne qu'aient méritée nos travaux, nous saluons la Finlande, plus libérale
que tous les autres pays de l'Europe envers
l'instruction publique, et la Roumanie juive,
et l'Arménie en proie aux catholiques, et la
triste Sicile ; nous saluons tous les esclaves du
travail, de l'exécrable patriotisme ; nous buvons
à nos frères opprimés qui, d'un bout du monde
à l'autre, attendent comme nous l'aube de la
justice, le printemps de la raison, ton avènement joyeux et pacifique, ô notre idéal, ré-
paratrice, bienfaisante et fraternelle Anarchie ! ».

ATHÈNA

(18 brumaire, an 110).

Le 20 brumaire, an II, un spectacle
nouveau sollicita la curiosité parisienne. En
ce temps-là, 10 novembre 1793, suivant le
comput grégorien, la Révolution entreprenait
de grandes choses. Ayant, au début de l'année,
envoyé au pourrissoir l'adipeux et bigot imbécile qui portait la couronne de France, ayant
donné l'échafaud pour dénouement aux trahi-
sons du stupide Louis XVI, elle comprit que
ce n'était pas assez d'avoir rendu justice à la
royauté malfaisante et que rien ne serait achevé
tant qu'elle n'aurait pas jeté à l'égout cette
hypothèse peu scientifique et mal famée que
les acéphales nomment dieu. La misérable et
sanguinaire illusion qui, depuis le pitécan-

thrope des cavernes jusqu'aux messieurs en redingote noire, habitués du Père Dulac, a fait plus
de fous, de tyrans, d'idiots ou de criminels que
la faim, l'amour et les boissons enivrantes, la
misérable illusion, atteinte par les encyclopédistes et les penseurs du xviii° siècle, allait
enfin disparaître de l'atelier humain. Un air
plus pur balayait les miasmes. Le grand jour
de la liberté chassait les crépuscules fantastiques,
les ombres équivoques de l'autel. Jeune et
forte, la République, loin de mettre la pensée humaine dans les fers, suivant l'usage de
sa petite fille (le birbe de Montélimar étant
consul), brisait les chaînes séculaires qu'un
dogme absurde avait imposées à la France.

Ce fut une pompe majestueuse ! En dépit de
la grandiloquence théâtrale, de la mise en
scène emphatique et naïve qui distingue l'époque révolutionnaire, un élan superbe magnifiait
le divorce de l'homme libre et du surnaturel.

L'année était féconde, terrible. « Les Giron-
dins, forcés par les événements d'être républicains, n'auraient eu rien de mieux à faire
— dit Mignet — que de rester constitutionnels.
Leur horreur de la foule, une haute culture,
des manières élégantes les éloignaient des ré-

volutionnaires proprement dits. Ce qui les
entraînait vers la République, c'était des habitudes d'esprit purement classiques, et le
mouvement d'opinion qui, jeunes, les faisait
connus et populaires ». En août-novembre 1893,
ils luttaient ouvertement contre la Convention, coalisés avec les royalistes. C'est le moment du suprême effort. Il ne demeure que Paris et quatorze départements fidèles. Tout le
reste appartient à la réaction. La mer est fermée
par les Anglais, la Vendée en armes. Les Au-
trichiens ont repris l'Alsace et la Belgique.

C'est alors que la convention affirme ses doctrines dans l'ordre purement intellectuel. Le
1er août, par le système métrique, le 22 septembre, par le calendrier républicain, les 17
et 20 novembre, par l'abjuration de Gobel et
la fête de la Raison, elle proclame son
athéisme et se dégage violemment de Rousseau, — de Rousseau qui avait été laquais et
qui, pour ce motif, sans doute, ne put jamais
s'empêcher de croire en dieu.

Le mètre, mesuré par La Condamine,
en 1780, est identique aux anciennes mesures
de l'Egypte. Il est pris à la terre ; c'est de lui
que tout dérive. « La République française —

dit Michelet — est inscrite enfin dans la géomé-
trie céleste. »

Le calendrier républicain relègue aux
gémonies les bienheureux grotesques de
l'olympe christicole, les saints nourris d'excrément, les pasteurs de vermine, les héros de la
flagellation, les virtuoses de la crasse et de la
puanteur. Fabre d'Eglantine écrit, en douze
mots, le poème des saisons, et l'année, com-
mençant à l'équinoxe d'automne, suit, désormais, la marche du soleil.

L'abjuration de Gobel précéda la noble fête
et, par un geste héroïque, lava le prêtre de son
antique ignominie. Un évêque à la dévotion de
Robespierre, de Robespierre le déiste, appui des
catholiques et précurseur du Concordat, Grégoire protesta néanmoins contre la déchristia-
nisation que Salaville tournait en parodie.

En son livre nourri de faits, et d'une si lumineuse critique, M. Aulard a déterminé la
part que prirent au culte de la Raison la Convention, la Commune, Sieyès, Hébert, Chaumette et Danton lui-même, qui allait incriminer bientôt « **les mascarades antireligieuses** ».

D'autres vous ont dit ce que fut la pompe
de Notre-Dame. Les extraits du *Moniteur* et

les brochures du temps ne vous laissent rien
ignorer de cette émouvante cérémonie. On
avait caché l'autel et, sous des courtines
joyeuses, dérobé la potence du supplicié galiléen. Du temple de la philosophie (c'était le
jargon à la mode), parmi les théories adolescentes et les musiques harmonieuses, parut
la Liberté, la Raison elle-même, sous les traits
de Mlle Aubry ou Maillard, de l'opéra. Nul
geste plus galant. Néanmoins, la décence, y
brillait de tout son lustre, la nymphe choisie
étant d'une irréprochable vertu.

Cependant l'esprit imagine, pour une telle oc-
currence, d'autres acteurs, de surhumains pro-
tagonistes en place des filles d'Opéra. Quelle
hiérophante de l'antique Hellas, quelle Iphigénie exilée au milieu des roseaux séquanais,
comme, jadis, parmi les rocs glacés de la Tauride, la fille d'Agamemnon, quelle Cymo-
docée, encore imbue des chants d'Homère, eût
été digne de célébrer, devant une pareille
assistance, les origines de la déesse que tu
fêtais dans Notre-Dame, ô Révolution française, libérée enfin de l'ordure chrétienne et de
la lèpre des anciens rois !

Il semble que nul jour ne puisse être mieux

choisi pour fixer de quelques traits la mythologie d'Athèna, déesse éponyme, raison ins-
piratrice, archétype d'Athènes, la Cité qui ne
mourra jamais.

Les divinités du polythéisme grec représentent concurremment des phénomènes cos-
miques et des faits sociaux. Elles sont des
météores, des adjectifs divinisés et des personnes actives. Ainsi, la plus populaire d'entre
elles, Héraklès, incarne à la fois le soleil
d'après-midi, la gloire d'Héra (l'air inférieur),
en même temps qu'un homme qui, pour avoir,
au milieu des travaux et des douleurs, élargi
le patrimoine de ses frères, prend place, un
jour, parmi les immortels.

Athèna échappe à cette règle. Divinité
abstraite, moins tangible que les dieux solaires
ou chtoniens, elle s'incarne dans l'idéal pur ;
elle représente « le génie achéen à la fois industrieux et batailleur ». Elle sort tout armée des
théogonies primitives, comme du cerveau de
Zeus. Les Hellènes, au début, la confondirent,
avec la Nuit, avec l'Aurore ; Plutarque et Proclus
ne la distinguent pas d'Isis. Pour eux, Athèna
est l'anagramme de Neith. Les temples de
Saïs, d'Élis et de Palanté, le temple de Brasias

fondé par les Dioscures, consacrent sa parthénogénèse. Eratosthène dit qu'elle a placé le
vaisseau d'Isis parmi les constellations.

Pour les indianistes, pour Burnouf, pour Max
Müller, Athèna ou mieux Athana, c'est l'aurore.
Son culte se pratique au soleil levant, tandis que
les jeunes rayons effleurent la statue. Ainsi, les
dévots chrétiens veulent entendre la première
messe. D'où l'orientation de l'Erechtéion et du
Parthénon. D'autres la confondirent avec Posei-
don, avec le père de Métis, Okéanos, avec le Nep-
tunus des latins. A ce moment de cristallisation
mythique, elle signifie l'air ou les eaux, partie
la plus subtile des forces naturelles, — en attendant, ce qui ne tarde guère, qu'elle arrive à
symboliser l'intellect pur et le raisonnement.

Ici, la linguistique est de quelque secours.
La moins concrète des olympiennes sort du
cosmos pour entrer dans la grammaire. En
sanscrit, en grec, en latin, les radicaux *ma,*
men, me, sont affectés aux opérations de l'intelligence : *Mene-Frons, Menerva-Minerve,*
Manto, la devineresse, et *Mania,* les troubles
de l'esprit.

Or, Zeus, l'air qui enveloppe immédiatement
la planète, avale Métis, l'Intelligence, après

l'avoir fécondée. Prométhée, le prévoyant, ou, dans l'ordre extérieur, le feu du ciel, avec sa hache étincelante, délivre Zeus de cette bizarre gestation, faisant issir, casque en tête et lance au poing, la vierge Pallas-Athéné, comme du ciel ténébreux sillonné par la foudre, jaillit le calme azur.

Accouchée à l'existence plus haute des nations qui classent et discutent leurs idées, Athêna se transforme bientôt, de jour en jour, se raréfie. Son individualité plastique, un moment fixée par la statuaire, pâlit à mesure que s'accroît le génie philosophique des Hellènes. C'est d'abord le *logos* de Platon, analogue à la *rouach* des Sémites, la *sophia* des Gnostiques ; puis, déshonorée par le concile de Nicée, amoindrie à la mesure des intelligences d'évêques, elle s'anémie et se perd, chez les cartésiens, en un radotage métaphysique de la plus haute imbécillité. « La raison — dit Fénelon est Dieu qui se compose des idées universelles. » Voilà un dieu dont la corporalité n'est pas gênante. On n'est point exposé à le rencontrer gardant les troupeaux d'Admète, ou bâtissant les murs d'Ilios.

L'Athêna hellénique tient de plus près au

monde visible. Elle reçoit Hercule à sa naissance. « Derrière ce fou sublime, je vois la
déesse éternelle ». Opposée à Mars, Mavors,
Arès, le courage bestial, la brutalité militaire
qui détruit les ouvrages du labeur humain
et proscrit l'intelligence, elle n'a pour Héraklès, dévoué aux Ephémères, que tendresse et bonté. C'est elle qui dirige ses
actions, conduit la force virile, indécise et tré-
buchante dans ses efforts de régénération.
C'est elle qui le reçoit, tout embrasé encore
des flammes de l'Œta, dans le ciel à jamais
paisible de l'immortalité.

Ainsi, dans la triple évolution de ses méta-
morphoses, figure cosmique, individuelle et
sociale, Athèna personnifie tour à tour, l'aube
du matin, l'éther plus pur que la tempête a
rajeuni, puis, la conscience humaine, exempte
des terreurs superstitieuses, enfin la cité libre,
la commune indépendante qui n'a d'autres
lois que sa propre volonté, industrielle active, guerrière seulement contre la rapine et
l'oppression. De main en main, le type originel
croît et se métamorphose. Il grandit, il s'épure.
De la vieille Pallas, que vénérait la terre de
Cécrops, du tronc informe d'olivier qui reverdit,

chaque printemps, sur le sol de l'Erechtéion, près du puits sacré aux eaux divinatoires ; de la Vierge mère, encore peu distincte d'Isis ou de Neith égyptiennes, un divin simulacre a jailli. C'est le paradigme de la vie civilisée ; c'est la loi permanente qui, malgré les âges et les ruines, malgré l'obscénité du Christ, enseignera l'univers, guidera les peuples dans la voie harmonieuse du juste, du noble et du vrai.

L'Asie tout entière, devant le regard de la déesse, vit tomber son effort tumultueux. La lance magnanime brisa comme un jouet puéril syntagmes et cohortes ; la flotte du Grand Roi vint échouer contre le roc de Salamine : le monde connut enfin ton nom impérissable, Athènes. La vierge poliade et la ville d'Erechtée eurent, à l'avenir, un même glorieux destin.

De la déité primordiale, personnification anthropomorphe de l'air supérieur, des ténèbres où mûrissent les germes et la doctrine du sage, Athèna reçut la chouette clairvoyante qui discerne les embûches dans la nuit comme la libre pensée devine les pièges dans l'erreur. A ses côtés, le serpent, gardien avisé des choses nocturnes, en un geste onduleux de sa croupe rythmique, émerge lentement. Il con-

naît les détours secrets, les refuges et les cavernes. Il sait la vertu des plantes médicales.
D'un mouvement fatidique, il s'enroule, au bâ-
ton d'Hermès, au thyrse d'Asclépios. Il inspire
les feintes souples d'Odusseus, du grec insulaire
plein d'adresse et d'ingéniosité. La chèvre
Ægis, le tonnerre bondissant parmi les nuages
enflammés, les éclairs, chevelure épouvantable de Gorgo, incrustent d'ivoire et d'or le
péplos d'Athèna. Phidias de l'épouvante même
compose un ornement à la pucelle doryphore.
La déesse, accouchée par la foudre, en porte
les terreurs sur sa gorge inviolée.

Mais, bienfaisante et favorable au travail
de l'homme, elle assure la juste répartition
des richesses, fonde le droit, abolit pour toujours
le règne détesté de la grâce. Contre les dieux,
contre le bon plaisir des théocraties de l'o-
rient qui, au jour de leur suprème décompo-
sition, viennent fermenter et s'abêtir dans la
fosse à purin du christianisme, elle institue
une justice meilleure, sans autre base que la
raison et l'équité. La conscience humaine,
guidée par Athèna, révise les grands procès
où triomphent l'arbitraire, l'astuce et la méchanceté des dieux. Elle conduit Oreste, en-

sanglanté des blessures maternelles, vers la colline probatoire de l'aréopage. Elle fait asseoir Œdipe incestueux et parricide à la porte de Colone. Dans le bois funeste aux sacrilèges, dans le bois des Expiations, elle consacre la tombe du fils de Laïos, absolvant d'un crime inéluctable cette victime auguste de la Nécessité. Elle retorque la sentence des Héliastes et confère à Socrate une gloire immortelle. Elle apprend à Caton combien peut être infâme la victoire qui plaît aux dieux. Entre le pauvre et le riche, entre le faible et le puissant, entre la victime et le bourreau, elle décide, redoutable, souveraine et consolante comme la lumière indéfectible du jour.

Le tribunal institué devant les Euménides pour définir les droits de l'homme, n'a jamais failli. C'est un prétoire idéal qui, loin des juges mercenaires, des valets et des tourmenteurs, cite à sa barre les criminels impunis. Il apothéose Louvel, Angiolillo, Bresci, Hartmann, Caserio. Il traîne dans les casemates de la honte les parjures, les scélérats obliques, les empoisonneurs et les traîtres, ceux qui calomnient, ceux qui mènent au bûcher les vierges, ceux qui trafiquent de leur nom et ceux qui égorgent les éphèbes, depuis Flamidien jusqu'à Lemaître, depuis Cauchon jusqu'à Mercier.

Elle enseigne le juste en proie à la persécution. Dans les geôles refermées sur les défenseurs de l'honnèteté publique, sur le prolétaire et l'écrivain sans peur autant que sans reproche, elle étend sa main tutélaire et fait splendir le doux rayon de ses yeux bleus.

Crains-tu donc, crains-tu — dit Lucain — la peine de ce geste par quoi la Renommée sonore t'accueille en son éternité ? »

« *Quam metuis, demens, isto pro crimine pœnam*

Quo te Fama loquax omnes accepit in annos ! »

Le voile d'Athèna, tissé par des jouvencelles, monte glorieusement au Parthénon. De ces fêtes sont exclus les menteurs, les lâches et les adultères. Chaste comme la clarté du ciel, comme l'Intelligence, dont elle est sortie, elle garde les serments et la foi conjugale. Pleine d'horreur pour la promiscuité barbare, elle soumet l'épouse à l'époux civilisé, apprenant à respecter en lui un maître affable, un directeur et un ami. Car c'est à l'époux que la mère doit l'honneur d'enfanter les citoyens ; c'est par lui

qu'elle vit irréprochable et garde le foyer. Ha-
bile aux travaux sédentaires, l'un de ses noms,
Ergané, baptisera plus tard l'industrieux Panurge.

Promachos, elle porte en ses mains la Victoire sans ailes, cette victoire de la raison
dont les fruits ne périssent jamais. Comme
l'amour, la pensée est myrionyme. Renan,
d'une sorte magnifique, a glosé sur cette lita-
nie. Pallas-Athéné garde un cœur pitoyable
sous son armure de combat. Par sa volonté,
le temple des Erynnies devient un lieu d'asile.
Sous son égide tutélaire, le proscrit, le fugitif,
le banni, couvert de honte ou souillé de sang,
trouvait dans le monde ancien une étape suprême, un refuge pour vivre ou pour mourir
en paix. Mais à présent, il ne reste plus de
nations policées. Le christianisme a chassé du
monde la pitié. L'argent, après le christianisme,
en a banni la justice. La science elle-même
se prostitue aux bourreaux ; la foudre soumise
abat les vengeurs des peuples et les martyrs
de l'idéal. Aux quatre coins du monde, les nefs
barbares de l'Europe cinglent à toute vapeur. De
leurs flancs, sortent les monstres les plus affreux,
l'assassinat et la déprédation, l'obscurantisme et

la peste, le soudard et le capitaliste, la syphilis
et Jésus-Christ. La France vole, pille, égorge,
colonise, tue et se rassasie de meurtre, de
lâche, de sinistre férocité. Les talons rougis de
sang nègre ou mongol, elle baise d'une langue
servile, à travers la boue et les cadavres, la
trace des tyrans qui veulent bien la choisir
pour gourgandine.

Vierge d'Athènes ! Sérénité de l'azur sans
bornes ! Conscience irréductible du sage et du
penseur ! L'infâme juif, le pendu maigre et
lascif des cathédrales, souverain des âmes
obscures et des chairs malportantes, a souillé
ta gloire et combattu, pendant vingt siècles,
ton empire. Le stupide Jésus, en qui se ré-
sorba la vieille folie divine, rejeton scrofuleux
des ancestrales théogonies, le stupide Jésus
et ses prêtres ignares ont souillé de leur
ombre le portique harmonieux de ta blanche
demeure. Ils dominent encore par le vol et par
le mensonge. Ils creusent leurs sapes redou-
tables sous le chemin des hommes libres, des
femmes pures et des enfants joyeux, qu'ils
tentent d'abaisser à leur niveau. L'imposture
les escorte, la bêtise leur sourit. Courageux
comme Thersite, diserts comme Dindenaut,

ils proposent à leurs élèves, exemple non pareil
de vertu civique, les fous orduriers qui dévorent
les déjections et couchent au milieu des poux.
Ils chapardent le bien des proxénètes, des
vieilles adultères et des voleurs de nuit. Ils
ont pour eux les soldats, ennemis éternels
de la raison, les juges qui prostituent au plus
offrant ta sœur Thémis, la Loi reine des dieux.
Ils rendent la personne humaine si dégradée
et misérable que, sans élan ni vigueur, elle
rampe à leurs pieds, mille fois plus abjecte que
le ver de la vase ou le pourceau du fumier.
Vierge des souffles purs ! Maîtresse de l'air
libre et des mâles conseils ! dirige contre la
noire milice ton glaive irréprochable. Touche
nos lèvres de ta main persuasive. Éloquente !
prête-nous les chaînes d'or qui enlacent les
esprits et soumettent les hommes à ton joug
bienvenu !

O fontaines sacrées de la parole ! Hermès
éternel des peuples ! Flambeau que se trans-
mettent, d'âge en âge, les coureurs de Prométhée ! rendez nos bouches éloquentes et nos
poitrines convaincues. Sous l'outrage, sous la
calomnie et la dérision, nous faisons service
à la vérité, sans autre espoir que de souffrir

pour son nom. Appuis de la société bourgeoise,
du monde capitaliste, les sycophantes, les
pieds-plats, les aigrefins, ne trouvent pas d'in-
jure assez vile, de calomnie assez abjecte,
d'ordure assez infâme pour les jeter à notre
front. Ses laquais nous vilipendent et ses
chiens nous mordent à l'envi. Ceux-là même
dont nous tentons la délivrance ne nous
épargnent l'opprobre ni le soupçon. Toi seule,
ô vierge, es notre soutien, notre énergie intérieure, la force calme et triomphante qui préside à nos combats, comme jadis, près de ton
frère Erechthée, pareils à deux vautours, sur
une roche sublime, tu regardais les luttes des
antiques héros. Nos pères t'ont célébrée aux
jours d'espoir de la Révolution française, dans
ces minutes incomparables où le monde
se crut, un instant, évadé, libre et guéri de
dieu.

Ils t'apportèrent des offrandes, les régicides magnanimes qui avaient frappé au front
la royauté scélérate, et, devant toi, s'age-
nouillèrent parmi les filles de douze ans. Que,
dignes d'un tel passé, notre amour et notre
louange montent comme un holocauste d'agréable odeur. Couvre-nous de ton ombre paci-

fiante. Infuse-nous le calme et la sagesse ! mets
dans nos seins un cœur imperturbé ! apprends-
nous à braver, du haut d'un juste orgueil, les
rhéteurs et la canaille, la rue et le forum.

Au chant de cette lyre universelle qu'or-
donna le jeune dieu régulateur des Mu-
ses, cadence notre génie et fais battre nos
cœurs. Aussi bien que la vérité même, ap-
prends-nous à chérir le nombre et les rhythmes
harmonieux.

Mais, si les barbares envahissent derechef
la cité de lumière, ces rivages de promission
que, malgré la tempête et l'inclémence des
cieux, nous avons cherchés pour nos frères
des temps qui ne sont pas encore, verse-nous
ton génie, ô déesse ! prête-nous la vaillance
qui dispersa le mède et sauva l'occident. Toi
qui jaillis en armes de la nue enflammée, toi
qui, devant ton autel, suscitas contre le Pisis-
tratide un couteau ceint de fleurs, apprends-
nous que la victoire ne donne son loyer qu'aux
plus rudes combats et que, pour assurer ton empire, nulle ambition n'est trop haute, nul effort
trop généreux. Fulgure la tempête et jaillisse
l'éclair ! Nous enlève la trombe et que l'orage
nous foudroie ! Qu'importe si, demain, le firma-

·ment se rassérène et dans un jour limpide, brille sur une terre plus clémente ; si demain, une aube pérennelle guide vers le bonheur les peuples reconquis à tes lois saintes, les peuples industrieux, raisonnables et fraternels.

L'ENNEMI DU PEUPLE

(30 pluviose, an 107).

Il y a six ans, au mois de novembre 1892, l'*Ennemi du Peuple* nous assemblait dans un théâtre de faubourg. Pour la première fois, j'avais l'honneur de vous parler du dramaturge scandinave, importé récemment à Paris par M. Edouard Rod et le comte Prozor. Depuis ce temps, l'œuvre d'Ibsen est devenue populaire. De plus autorisés que moi l'ont élucidée en de compactes gloses et d'inattaquables entretiens. Il serait donc inutile de présenter derechef au public français l'auteur de *Rosmersholm*, des *Revenants* et de tant d'autres merveilles. Nonobstant les mauvais vouloirs, l'ignorance de la critique et la profonde inintelligence des spectateurs ; nonobstant les patriarches et les pa-

chydermes de la stupidité, Ibsen a noblement
fait son chemin et gagné, parmi nous, ses lettres
de naturalisation. Son art, d'une saveur si
étrange et quidditive, a conquis même les imbéciles, canéphores inévitables du succès, qui
portent devant chaque triomphateur, dans une
corbeille à la dernière mode, les chardons pous-
siéreux de leur enthousiasme.

Pendant quelques mois, Ibsen a été *swagger*,
ou, pour mieux dire, *smart*, si j'ose employer
ces vocables importés d'Angleterre pour les
garçons coiffeurs épris d'élégances auvergnates
et de M. Barrès. En dépit de la résistance des
cuistres et de la sympathie des badauds, Ibsen
est entré pour nous dans le panthéon où frater-
nisent les génies. Ses personnages assument la
vie indéfectible, l'éternité des figures légen-
daires. Ce sont des archétypes.

Oswald Alwing, Jean-Gabriel Borkmann,
Solness le constructeur existent comme Oreste
ou Richard III, comme Tartufe ou don Guttière
de Solis. Comme Eschyle, Shakespeare, Molière
ou Calderon, Ibsen a créé des êtres vivants qui
figurent l'humanité, le temps et l'âme de leur
auteur.

Il a frappé des mythes à son effigie.

Le docteur Stockmann porte en soi les plus
hautes qualités de ces images idéales. Il est à la
fois représentatif du théâtre ibsénien et des modernes civilisations. Le spectacle de sa ruine fait
paraître des leçons toujours actuelles. Car ce
bourgeois méconnu et raillé de ses pairs, ce héros de petite ville, grand homme d'un district
norwégien, montre aux yeux un exemple dont
le cruel à propos ne se dément jamais.

A savoir, la passion du juste, les tortures de
l'honnête homme lâchement sacrifié aux intérêts les plus abjects ; la révolte sainte d'une
âme candide et fière à qui son malheur découvre toute l'ignominie du pacte social.

Le bref rappel des scènes capitales suffira, je
pense, à remettre dans toutes les mémoires cette
admirable tragédie.

Un médecin probe et clairvoyant, directeur
d'une station balnéaire dans un pays perdu,
à l'extrême nord de la Scandinavie, s'aper-
çoit, un jour, que les thermes confiés à sa
garde pèchent contre l'hygiène et la salubrité.
Affermi par le choix unanime de ses compatriotes, il montre le péril à tous, au peuple
comme aux dirigeants. Il offre de présider
à la construction de nouvelles piscines, de

remplacer le cloaque par des eaux salutaires.
Tous, d'abord, accueillent son idée, les classes
laborieuses et les milieux aristocratiques de la
ville. Des intérieurs pleins de charme et de
grâce patriarcale servent de cadre à ces premiers
tableaux. Nulle morgue chez ces bourgeois scan-
dinaves que la médiocrité des fortunes et la diffusion de la culture intellectuelle met sur un
pied d'égalité cordiale, tout à fait inconnue dans
les races latines. Le préfet n'est pas un proconsul. Médecin, imprimeur, journalistes fraterni-
sent débonnairement ; des institutrices en water-
proofs et en galoches représentant l'élite intellectuelle, jouent des sonates et causent métaphysique, tout en faisant cuire leur dîner.

En demandant la reconstruction des thermes,
le docteur Stockmann menace de léser dans
leurs revenus des propriétaires influents. Aussi,
un revirement ne tarde pas à s'opérer ; toutes
les forces donnent contre l'homme intègre
qui, ne ménageant pas les dividendes, frappe
sur les capitalistes. Pas une voix ne s'élève
pour défendre celui qu'ils acclamaient naguère. L'ironie d'Ibsen se donne carrière à
stigmatiser les lâches qui préparent la débâcle
de Stockmann. Le préfet d'abord, « homme aux

préjugés immuables », exemplaire superbe de
la race, le préfet, Peter Stockmann, est frère
du docteur, circonstance qui corrobore son infamie d'un soupçon de fratricide. Mais la famille
bourgeoise n'est-elle pas le réceptacle et l'égoût
collecteur de toutes les ignominies, depuis l'asservissement de la femme et l'abrutissement des
enfants, jusqu'aux batailles d'héritiers sur les
cadavres encore chauds ?

La corporation des journalistes prend figure
dans la personne d'Howstadt, un plat coquin dont
les apophtegmes délecteraient les plus éhontés
souteneurs de la presse immonde. « La majo-
rité — affirme-t-il — a toujours raison », axiome
qui pourrait servir d'exergue aux plus belles
pages de François Coppée. Comme Tigellin,
parangon de tous les valets, académiciens ou
autres, Howstadt « redoute le visage formidable
et la liberté d'un innocent ». Il accable d'oppro-
bres les meilleurs. « Il insulte le juste abreuvé
d'amertume», se retirant d'ailleurs sitôt qu'on lui
fait face, comme les pieds plats ont accoutumé.
Howstadt formule aussi, en langage cafard, les
dogmes qui régissent la plupart des gazettes
contemporaines. «Quel est le devoir le plus im-
portant d'un rédacteur? — exclame-t-il avec une

emphase de pléutre : n'est-ce pas d'emboîter le
pas à ses lecteurs, de suivre l'opinion publique ? » Nos papiers modernes, il le faut avouer,
ont grandement perfectionné la chose. Ils commencent par former l'opinion sur les plus honteux modèles afin d'en tirer les avantages
qu'est susceptible de fournir une plèbe dressée
à tous crimes, soumise à l'ergastule et bien-
veillante aux coups de fouet.

Autour de Stockmann gravitent encore As-
klaksen, imprimeur, président de la Société des
propriétaires, libérâtre et juste milieu, qui défère
à la royauté des gros bonnets, ne veut, ne peut,
n'ose imprimer le mémoire justificateur de
Stockmann et qui, avec sa pusillanimité, sa jalousie sournoise, son manque de cœur, d'orgueil
et de parole, incarne d'une sorte vengeresse
l'abjection imperméable des boutiquiers, l'inhu-
manité des riches, l'âme fétide et carnassière des
honnêtes gens.

Puis ce sont d'autres pusillanimes encore, ceux
qui ne comprennent pas, qui portent l'éternelle
complicité de leur bêtise — *sancta simplicitas*
— à toutes les conspirations, à toutes les ligues
que les « soutiens de la société » organisent avec
empressement dès qu'il y a une infamie à com-

mettre, une abomination à perpétrer. La populace carnivore est toujours pour le tyran — civil
ou militaire, — dont elle escompte les largesses.
Elle aime, au surplus, d'un amour désintéressé
les spectacles gratuits que lui donnent ses
maîtres : cavalcades guerrières, processions et
guillotine. Elle se prostitue de grand cœur aux
parades soldatesques, heureuse de sentir les
chevaux des armées lui piétiner le ventre. A défaut de conquérant, elle se délecte des assassins
et vient applaudir Lacenaire quand elle n'a plus
Napoléon.

« Pour qui faut-il prendre parti dans cette af-
« faire ? demande un ouvrier à l'un des émis-
« saires du préfet. — Regardez seulement Asklak-
« sen, pour faire à son exemple », répond celui-ci.
Et la cohue vilipende Stockmann, coupable de
vouloir améliorer son sort. « Il vaudrait mieux
« envoyer à ces gens-là des vétérinaires en
« place de médecin », — constate l'homme exas-
péré. Mais les clameurs de la foule bâillonnent
son discours.

Tant d'affronts néanmoins et d'injustes douleurs ne seront pas perdus. L'énergie virile se re-
trempe dans ces extrémités où la victime n'a de
refuge qu'en soi-même. Du haut de son calvaire.

Stockmann découvre cette redoutable vérité
que l'homme supérieur est absolument seul,
au milieu de toutes les forces conjurées contre
lui ; que le génie, la beauté, la vertu sont des
faits antisociaux au premier chef, le pacte social
n'étant autre chose que l'association des eunuques pour réfréner les étalons. Quel que soit le
nom dont on le nomme : penseur, prophète,
savant, l'aristocrate est un exilé. Entre les foules
et lui, se dresse, infranchissable, la formule ini-
tiatique éloignant tout profane, ce *noli me tan-
gere* qui ne laisse apercevoir au commun les
grands hommes que comme une sorte de fous
malfaisants. La multitude qui — disait Chamfort — « ne peut s'élever qu'aux idées basses »,
ne saurait .davantage accéder à la logique des
êtres nés pour comprendre, pour vouloir et pour
commander. Nul ne marche devant elle, sans
être accusé de la conduire au désert, aux abîmes,
à la banqueroute intellectuelle et physique. Le
prophète est un scandale public. Il faut, pour
que le monde absolve sa gloire, qu'il se dégrade
volontairement à ses yeux, qu'il se nourrisse
.de déjections ou se traîne dans la boue. Pour
faire admettre les sublimes vérités dont il est
précurseur, il faut qu'il mange le pain enduit

de bouse d'Ezéchiel ou qu'il promène sur sa
magnifique sagesse les ordures de Gargantua.
Stockmann n'est pas si ingénieux, si prudent.
Convaincu de posséder la vérité, il la montre
toute nue, sans feinte ni ménagement, ne se
croyant pas le droit, comme disait Juvénal, de
préférer l'existence à la pudeur et -de perdre,
pour vivre, la raison de sa vie. Par cette obsti-
nation héroïque, il se conforme, sans le savoir,
aux plus fiers enseignements du stoïcisme. Il
rejoint Marc-Aurèle, Epictète et Zénon ; il pratique, dans son étroite sphère, cette « philosophie
d'Hercule », appui du juriste et du citoyen qui
met la loi au-dessus des dieux. Par sa fidélité
aux devoirs, aux enseignements d'une conscience
lumineuse et pure, il se sépare de la couardise
ambiante.

Mais il devient, en même temps, l'*ennemi
du peuple*, une sorte de Prométhée moderne,
crucifié, comme l'ancêtre mythique, « pour avoir
eu compassion des Ephémères ».

Car Prométhée revit dans les philosophes, les
inventeurs, les révoltés de tous les âges. Il incarne l'idée, comme Héracklès, son divin frère,
incarne l'action. A eux deux, ils représentent
le héros, l'aristocrate, le chef né des hordes

humaines, l'ennemi du peuple et son unique rédempteur. Inventoriez l'histoire et compulsez la légende, sans distinction d'époque, de religion ou de climat ; vous verrez apparaître cet antagonisme entre le surhumain — comme dit Emerson — et la mob déchaînée. La canaille dirigeante et la turbe du ruisseau n'ont qu'une âme, un cœur, un vouloir, quand il s'agit d'affamer, de bafouer et de réduire en cendres quiconque porte le front au dessus d'elle.

De cette congénitale répulsion les motifs sont logiques et nombreux. L'homme supérieur est hostile à chacun pour plus d'une raison. Il est anarchiste par essence, puisqu'il dénigre les codes établis au nom d'un principe transcendant, puisqu'il n'admet ni le mensonge, ni l'obéissance irraisonnée.

Tantôt, il invente les arts, comme Prométhée, et, par cela seul, indispose le vieillard Démos qui n'a de bienveillance que pour les sycophantes, les parasites, pour ceux qui le flagornent dans ses appétits abjects ou dans son incurie. Le bienfaiteur pose sur le chef de l'homme à peine dégrossi un papillon symbolique. Il éveille la Psyché latente et la dégage du bourbier originel. Voilà des gestes que la foule ne pardonne pas. Il contraint les hommes de regarder en haut. Donc, le peuple le croit méchant : car il le sort de la bêtise et de l'ordure coutumières.

Tantôt, comme Socrate, il éveille la conscience humaine. Il révèle à l'homme un Impératif en dehors du moi, la négation du bon plaisir au profit de l'équité, de la raison et du devoir.

Tantôt, comme Thraséas ou Caton, il enseigne à mépriser la force victorieuse, à dire non devant la tyrannie ; tantôt il renverse, comme Empédocle ou Galilée, une erreur scientifique. Tantôt, comme Savonarole, Giordano Bruno ou Vanini, comme les albigeois ou les protestants, il révèle à tous la liberté de conscience et la liberté politique, brise les fers des opprimés.

Tantôt, comme Hypathie, il découvre la beauté refusant de se soumettre à la convoitise des mâles, tout comme à la prostitution divine, sans confesseur ni amant, ce qui passe pour une abomination inégalable au jugement des honnêtes dames de tous les siècles et de tous les pays.

Tantôt, comme les révolutionnaires, comme les justiciers — nos martyrs — depuis Harmodios

jusqu'à John Brown, depuis Brutus jusqu'à Louvel, depuis Epicharis jusqu'à Sophie Perowskaia,
depuis Chéréas jusqu'au sublime Angiolilo ven-
geant ses frères de Montjuich et Cuba torturée,
il affirme le droit des opprimés à l'insurrection
sainte et, « de myrthes fleuris couronnant son
poignard », lave la mémoire des victimes dans
le sang de leurs bourreaux.

Et tous, le poète, l'artiste, le philosophe, le
citoyen, l'émancipateur, la vierge platonicienne,
les héros de l'anarchie, rêvent d'un temps meilleur, d'une cité plus humaine, où ne fument
d'autres autels que ceux de la clémence et de la
liberté.

Vous le voyez, Messieurs, les électeurs paisibles, les académiciens, les culottes de peau et
les jésuites, les maisons de tolérance et le
Jockey-club se coalisent avec grand raison pour
donner la chasse à de tels malandrins.

*
* *

Cependant, les forfaits de l'ennemi du peuple
ne contribuent pas, seuls, à déchaîner contre
lui l'animadversion publique. La haine de la su-
périorité, l'envie, qui est une forme de l'admi-

ration mise à la portée des classes moyennes, la
réprobation aiguillonnée par le savant, qui, pareil à un Atilla du pot-au-feu, diminuera les orges
des notables commerçants et des petits rentiers
n'aident pas médiocrement à exciter contre
Stockmann la fureur de ses compatriotes. Ajoutez aussi l'horreur de la différenciation, le goût
de la platitude, l'aspiration vers la bêtise qui distingue, de nos jours, les classes dites éduquées.
Le costume, la pédagogie, les mœurs concourent
à faire, des habitants d'une même ville, un seul
homme, aussi voisin que possible de l'automate,
incapable même de régresser vers l'anthropoïde
ancestral, sinon pour, dans les crises passion-
nelles, en évoquer le cynisme et la malpropreté.

L'homme supérieur, parmi ces agrégés —
vous n'ignorez peut-être pas que *grex*, en latin,
veut dire « troupeau » — semble, à bon droit,.
un monstre, un prodige encore plus redoutable
qu'étonnant.

D'après le docteur Roujou, suivi par Lombroso, les déliquants seraient une tribu en marche parmi des peuples assis, parqués depuis
longtemps dans leurs demeures, « bétail raillé
des dieux », pour parler comme Eschyle. De

même et plus exactement encore, le génie est
un homme qui marche à travers les ronds-de-
cuir et les culs-de-jatte, un mâle en état de
s'affirmer à la barbe des neutres et des impuissants. Il les effarouche et les scandalise. L'anec-
dote est connue du père de François d'Assise,
honnête drapier, reluisant aux fins de mois, digne
émule de Mᵉ Jeausseaume et de M. Jourdain,
qui fit condamner pour vol son fils, coupable
de lui avoir dérobé une pièce d'étamine dont il
avait habillé des malingreux. Cette opinion d'un
négociant, intraitable mais juste, fut partagée,
naguère, par M. Edmond Scherer qui vilipendait
François d'Assise, à cause que ce bienheureux
ne se comportait pas d'après les règles d'une
saine économie politique.

Mais le crime sans appel, *le grief* irrémédiable
du génie, dans sa passion active, quand il force
le plus indolent à réagir contre le destin, à triom-
pher des dieux adverses, le crime sans appel,
c'est de contraindre la matière gouvernable à
vaincre la peur qu'elle a des autres hommes et
de la divinité ; c'est de la forcer à construire
elle-même, par un effort héroïque, son paradis
et sa Tour d'ivoire, — et non par de lâches prières,
non par cette résignation dégradante qu'impo-

sent les dogmes religieux, les dogmes d'imposture
et de mort.

Or, la peur est, à la fois, une institution et un
divertissement dans notre France chevaleresque.
C'est elle que l'on retrouve au fond des ignominies contemporaines, créant une fortune à
toutes sortes de gredins qui, sans elle, n'auraient
d'autre logis que le dessous des ponts. Le plaisir
frissonnant et délicieux d'avoir peur, comme ces
veuves quadragénaires du couvent d'Ismaïl, à
qui lord Byron fait demander « si le viol ne va
pas bientôt commencer » ; le plaisir d'avoir peur
des croquemitaines plus ou moins hideux, suffit
à expliquer le tremblement chronique dont la
France est agitée, depuis un quart de siècle. Nulle
cause objective, à cette frousse nationale et patriotique. Les députés n'ont pas peur des collèges
électoraux, ni des prétoriens, puisque tous les
coups d'état ont été faits par des civils, depuis le
18 Brumaire et que les prétoriens s'aplatissent
eux-mêmes devant les journalistes, la consigne
et les gradés supérieurs. Les disciples de MM. Lemaître, Coppée et Déroulède sacrifient à la peur
en soi, à la peur de vouloir, d'être des hommes
et d'apprendre à penser. Une lâcheté folle pros-
terne les cœurs avilis dans un gouffre de bas-

sesse. La poltronnerie fait implacable. Aussi, la
foule emboîte le pas derrière les plus sinistres
meneurs, cannibales de la rue ou sycophantes des
papiers publics, bouchers antisémites ou saltimbanques nationalistes, empruntant leurs maximes
à Drumont ou à Quesnay.

Sous l'influx de l'atroce déité, la France donne,
aujourd'hui, l'impression d'un manège fermé,
d'un cirque, d'une ménagerie que les autres
peuples regardent avec stupeur. Des fauves
s'agitent ; les victimes sans défense meurent
étouffées sous des ongles sordides, cependant
que l'assemblée demande à grands cris un
dompteur, non pour résoudre les tigres et les
hyènes, mais pour achever les suppliciés.

Au siècle dernier, la France était l'ennemie de
l'Europe chrétienne et monarchique, portant,
comme elle faisait, les torches de la liberté sociale et de libre-pensée ; à présent, elle se tourne
en reflux contre ceux qui la rappellent vers ses
origines et demandent à son histoire d'avoir un
sens. Elle rampe devant les incarnations les
plus infâmes de l'autorité, s'abandonne au prêtre
et au soldat, réalisant l'apophtegme de Kant
« que celui qui s'est fait ver doit s'attendre à
être écrasé ». Les droits de l'Homme, doctrine

de justice et de raison, servis par le suffrage universel, gouvernement de bon plaisir et de caprice, montrent le spectacle néfaste d'une république sans foi républicaine, d'une république militaire et cléricale, d'un parlement où siègent les derniers des misérables : faussaires, prévaricateurs et tenanciers de jeux, les mains souillées encore de la cervelle et du sang des suicidés.

Mais l'histoire du progrès humain n'est autre chose que la revision des procès intentés aux ennemis du peuple. Socrate, que les héliastes se lassaient de nourrir au Prytanée, est devenu, par sa mort, l'éducateur de la jeunesse, à travers les siècles. La couronne de violettes dont Alcibiade enguirlandait ses tempes, au banquet d'Agathon, brille d'une jeunesse indéfectible. Et j'ai appris du chantre de la *Pharsale* qu'il ne faut pas craindre d'intenter une action qui, pour un châtiment d'un jour, impartit à son auteur une louange immortelle. Quelles que soient l'incompréhension de la tourbe, la scélératesse des gouvernements, le Héros, seul, juge ses propres actes et définit la loi.

Stockmann, honni de ses compatriotes, se réfugiera dans son orgueil, dans la paix consolante du devoir accompli.

· Vainqueur des dieux, le titan, du haut de son Caucase, annoncera leur fin, la lumière des hommes, victorieuse des ténèbres sacrées et de l'antique nuit.

Et nous, à cette heure merveilleuse où la France étirant son suaire, tente, par les plus nobles de ses fils, un effort vers la justice, la raison et la vérité, nous interjetons aussi un appel, qui rendra leur piédestal aux défenseurs de la clémence et du bon droit. A Zola proscrit, à Picquart dans les fers, nous rendrons, quelque jour, les honneurs qui leur sont dûs. A l'heure du triomphe, nous unirons dans un même lot et l'écrivain superbe qui, depuis trente ans, porte si haut la gloire des lettres françaises et le soldat irréprochable qui nous montre que, même sous l'uniforme, peut battre un cœur d'honnête homme. Et leur victoire sera la nôtre, à nous tous qui luttons, suivant l'exemple de Stockmann, contre l'infamie des « majorités compactes », rêvant, comme lui, de préparer à ceux qui viendront après nous des demeures salubres et de paisibles foyers.

APPENDICE

LES ANARCHISTES ET LA FRANC-MAÇONNERIE

Deux ballades civiques. — Le train des hystériques. — Les rois s'en vont ! — Tueurs de rois. — Le triomphe de la domesticité. — Quelques délateurs. — Le procès du Libertaire. — Interview de M. René Henry.

APPENDICE

LES ANARCHISTES ET LA FRANC-MAÇONNERIE

Nous sommes étonnés que notre camarade Laurent Tailhade, le maître pétrisseur du Verbe, se soit égaré à appeler à lui, sous les auspices de la Maçonnerie, les citoyens et les libertaires présents à une dernière conférence.

Comment un camarade que tous nous estimons, et dont la sincérité ne nous est pas suspecte, peut-il ainsi abdiquer devant la nécessité ou le semblant de nécessité de recourir à d'aussi compromettantes objurgations !

Ces effets oratoires sont bien puérils et que peuvent penser nos amis entendant un des leurs, tenu pour une intelligence au-dessus de tout esprit d'inféodation, évoquer un quelconque tremplin d'ambitieux !

L'heure n'est pas aux errements, vous le savez, vous qui chaque jour menez le bon combat pour l'ultime vérité.

Pourquoi vous servir d'un trompe l'œil qu'en votre for intérieur vous méprisez, j'en suis sûr, et que vous reléguez à l'arrière-ban des mensonges funestes.

Que la Franc-Maçonnerie, jusqu'à un certain point, marche de pair avec nos efforts, cela est hors de conteste, et nous voulons croire que vous vous plaçâtes à ce seul point de vue, mais de là à exciper de votre qualité de Maçon pour jeter le cri d'alarme, parmi des hommes attendant l'immaculée vérité, il y a un gouffre d'erreurs que ne saurait combler aucune atténuation venant par la suite.

Vous ne pouvez faire le jeu d'ambitieux qui, parvenus aux dégradants honneurs et aux positions abjectes, se targuent de faire partie de cette association où le rut avilissant vers la curée est aussi manifeste qu'en une quelconque ligue de la Patrie française.

Votre but est plus noble, camarade. Au nom de l'idée qui nous est chère, conservez-le indemne de toute souillure, pour le triomphe même de la justice et de la vérité.

GEORGES DURUPT.

Le Libertaire, 17 août 1901.

LETTRE OUVERTE

A M. *Georges DURUPT*

Je vous sais gré, camarade, pour l'occasion que vous me fournissez de vider à fond un altercas dont l'importance est loin de m'échapper. Vous blàmez les accointances que j'ai avec la Franc-Maçonnerie ; vous me reprochez de combattre ostensiblement près de ceux que vous qualifiez — non sans acrimonie — de spéculateurs en qui « le rut avilissant de la curée est aussi manifeste que dans une quelconque ligue de la *Patrie française* ».

Vous demandez comment « sincère et très au-dessus de tout esprit d'inféodation » je me galvaude chez les « Enfants de la Veuve » et me réclame de leur fraternité pour abattre l'éternel ennemi, pour écraser l'Infàme et, par la guérison du venin religieux, conquérir à nos enfants la dignité d'hommes civilisés.

Vos objections portent donc à la fois sur des questions d'ordre personnel et d'ordre public.

Dépêchons les premières.

Il y a vingt ans que je suis franc-maçon. J'ai
« reçu la lumière » à Toulouse, dans une loge dont
les membres n'étaient pas, je l'ose dire, consumés
par l'appétit intellectuel. C'étaient, pour la plupart,
des voyageurs de commerce, des employés d'administration qui, le magasin ou le bureau fermés,
n'avaient d'autres soucis que d'intégrer force ma-
nilles, en chopinant un peu d'alcool. A l'Orient, le
Vénérable, un coiffeur du faubourg Saint-Aubin,
illustre pour avoir extirpé l'élection de Constans,
gasconnait le rituel avec une effrayante volubilité.

La complexion théâtrale de la race empêche, là-
bas, d'atténuer en aucune manière les traditions les
plus hilarantes. Le F∴ surveillant prenait sans
rire le nom truculent de « F∴ terrible » (pro-
noncez *tarrriblo*) et, comme au banquet solsticial, on
n'a pas renoncé, entre membres du même atelier, à
se donner le baiser de paix sur la bouche, il fallait
quelque discrétion et beaucoup de promptitude pour
en esquiver l'humide aux parfums aliacés.

Je fus conduit, quelque temps après, vers la lumière du « troisième appartement ». Je goûtai le
« breuvage d'amertume ». Sur la tombe d'Hiram, je

saisis le rameau d'acacia ; je pérégrinai ensuite les
« voyages symboliques ». On me donna licence d'arbo-
rer, en tout temps, sur l'estomac, des os de mort et le
Temple de Salomon. Il n'est pas un Maçon éclairé
pour qui la bouffonnerie des signes, des attouchements, des cordons et autres fariboles n'éclate avec
la plus entière évidence. A part les mots d'ordre et
tels gestes, de recognition indispensables pour accré-
diter entre eux les Maçons des différentes parties de
l'univers, il importe d'oublier à jamais les mascarades sacramentelles dont le sens intime et la signification emblématique sont depuis longtemps
effacés dans la mémoire des « ouvriers d'Adoniram ».

Lorsque les Huns grouillent aux portes de Rome,
j'entends lorsque la conscience humaine est en péril,
quand la libre-pensée endure une crise dont les efforts les plus tenaces et les mieux ordonnés, seuls,
peuvent obtenir une résolution heureuse, le moment
ne duit guère pour se babouiner de pélicans, de
triangles, de roses croix de « jakins » et de « Booz ».

A Paris, j'entrai dans la loge les *Amis inséparables*
— rite écossais — où m'appelaient des affections par-
ticulières. Néanmoins, ce que le jargon maçonnique
appelle « occupations profanes » m'empêcha d'apporter beaucoup de zèle aux tenues de mon nouvel atelier.

Je fus toujours un Maçon intermittent, d'une assi-
duité si médiocre qu'afin de m'épargner le débours
des cotisations, les *Amis inséparables* eurent la
gracieuseté de me mettre en « sommeil ».

Encore que je me flatte de compter de nombreux
amis dans l'un et l'autre rite, j'avais presque oublié
ma qualité de Maçon. Le cordon bleu, rouge et noir
pendait au mur de l'atelier, où je m'occupe à ne rien
faire, pendant mon séjour annuel dans les Pyrénées,
entre une guitare sans cordes, un vieux fusil de
chasse et la dernière banderille implantée par Alga-
beño. Survint l'Affaire.

Les beaux messieurs de l'*Echo de Paris*, les juifs
antisémites du *Gaulois*, toute la clique réactionnaire,
cléricale et militariste leva l'étendard contre la Franc-
Maçonnerie qui, bien que lente à se décider, avait
pris parti pour l'innocent contre la coalition des
faussaires en épaulettes et des empoisonneurs en jupon noir.

Jules Lemaître, greluchon hors d'âge, vieil
homme entretenu de la vieille guenon à Girardin,
Jules Lemaître qui, pour refaire à cette antique pute
une virginité d'ignominie et lui permettre quelques
salons du rastaquouérisme clérical, retourna sa casaque de saltimbanque en soutane de cafard, urina
chaque matin, dans la vespasienne d'Edmond Blanc

sur la tête de braves gens dont il ne mérite pas de
nettoyer les souliers.

Ce n'était plus seulement les évêques, les capucins, les nonces, les jésuites qui combattaient la
Maçonnerie, mais les souteneurs honoraires et les
alphonses sur le retour. Alors, j'estimai qu'il était
probe et glorieux d'assumer le titre de Franc-Maçon ;
je décrochai le ruban de sable et d'azur. Puisque les
prêtres, les nationalistes, les vive-l'armée, et Barrès,
et Syveton, et Maurras, et Rochefort antique vi-
dangeur, attaquaient la Maçonnerie, il y avait là
quelque chose d'honnête, de pur, de respectable,
dont il est fier de pavoiser son nom. C'est pourquoi
dans les conférences, dans les réunions publiques,
partout où je prends la parole, partout où viennent
m'applaudir socialistes et libertaires, non pour moi,
mais pour l'idée et les doctrines que j'ai l'honneur
d'exposer, je me pare du nom de Franc-Maçon et me
réclame d'une compagnie que la haine de ses persé-
cuteurs lave des griefs dont nos camarades et vous,
mon cher Durupt, ne manquez point de l'incriminer.
Anarchiste, je fais cause commune avec ces bourgeois ; individualiste, je n'omets pas une occasion de
m'affirmer des leurs et, vous le dites, de m'inféoder
à leurs travaux. Prêt à marcher dans leurs rangs, à
prendre ma part de leurs tribulations, quand l'heure

sonnera où la horde prétorienne et cléricale écrasera
sous son pied immonde les suprêmes vestiges de
l'antique liberté, je n'ai demandé aux Francs-Maçons
ni faveur, ni place, ni bureau de tabac, ni tremplin
électoral.

Je vis pauvre, d'un labeur assidu, mais dans l'indépendance la plus entière, sans collier de chien ni
matricule, et, si jamais la Maçonnerie me procure un
avantage quelconque, ce seront des mois d'exil ou
de bagne, pour avoir, comme elle, défendu la raison
et la liberté.

En ce qui touche la vie publique des Maçons, vous
me semblez injuste ou du moins excessif. Votre
haine englobe des hommes différents et des principes
contradictoires ; car — il sied de le dire à l'honneur
de la Maçonnerie — la liberté de conscience est presque sans limites dans ses ateliers. Les vieilles barbes,
déistes et patriotardes, ont fait place, depuis longtemps, à des troupes mieux instruites qui revendi-
quent les beaux noms d'internationalistes et
d'athées. Le Grand-Orient a vomi le culte exécrable
de dieu que l'antique Maçonnerie appelait, non sans
grotesque, l' « Architecte de l'Univers ». Les vocables
désignant cette hypothèse mal famée ne souillent
plus ses mandements.

Pour quelques laridons, braillards de l'une et

l'autre Chambre, leaders de réunions publiques, matérialistes dont les femmes vont à confesse et les mioches au mois de Marie, anticléricaux de sacristie, révolutionnaires de gouvernement qui déjeunent de l'insurrection, dînent de l'évêché, pour s'emplir le soir de homards à la Lucullus chez Millerand le fusilleur; pour quelques gredins et quelques arrivistes, combien de fermes consciences et d'intellects affranchis, combien d'hommes sans peur et sans reproche qui, même au prix du salaire nourricier, conforment leurs actes à leurs déclarations, frappent vaillamment l'éternel ennemi, la louve catholique, montrant l'exemple d'un généreux dessein noblement poursuivi; combien s'exposent chaque jour aux coups hypocrites ou directs des scélérats, nos adversaires! Les escadrons volants de la Maçonnerie forment, avec les jeunes cohortes libertaires, la seule armée que trouvera, pour lui barrer le chemin, par le glaive ou par le feu, ce dictateur que la bourgeoisie infâme appelle de tous ses désirs.

Un grotesque sinistre et malfaisant comme Félix Faure, un malandrin comme Lebon — bourreau de l'Ile du Diable — sont des brebis galeuses dont l'infection ne saurait atteindre le meilleur du troupeau. Dans la Maçonnerie comme ailleurs, ce sont les humbles, les petits, ceux qui ne prétendent point

à l'argent, aux emplois, aux dignités, qui donnent à
l'ordre son caractère, y déterminent l'étiage du niveau moral. Socialistes qui ne s'attablent point au
Ministère du commerce, libre-penseurs convaincus,
ils portent leur idéal bien au-dessus des intrigues et
des compromissions avilissantes. Ils sont, avec les
anarchistes, la pépinière des vertus civiques, du
courage et de l'abnégation. Dans cette légion thé-
baine rampent quelqués faiseurs ; Thersite prend
place aux côtés d'Achille, soit. Cela ne compromet en
aucune façon les mérites de ceux qui, dans leur foyer
aussi bien que dans l'agora, mènent la lutte sublime
de l'affranchissement économique et de l'intellectuelle délivrance. Comme vous, je suis outré par les
manigances des professeurs qui débitent les palmes
du martyre en bois de chauffage et sollicitent de
M. Leygues une disgrâce rémunératrice, qui, pour
faire leur chemin dans le parlement ou ailleurs, bri-
guent l'avantage d'une persécution. Il est manifeste
que MM. Hervé, Merlot et d'autres obscurs, voués par
le sort commun à pédanter la réthorique, en une
chaire de province, au lieu de rebattre « *musa*,
la muse » à des éphèbes somnolents et de hari-
coter quelques répétitions, ont tout profit à tro-
quer d'une manière lucrative la robe du *didasca-
lus* contre la redingote du tribun. Car telle est

la force de pénétration de MM. les universitaires!

L'instituteur Pastre, loin des enfants mal torchés
et de la Croix-de-par-Dieu, offre au ministère l'appui
de ses interpellations, tour à tour menaçantes et re-
tirées, avec l'à-propos le plus opportuniste. Mais, je
le répète, de tels faiseurs ne comptent guère dans la
Maçonnerie qui, depuis ses lointaines origines, poursuit un autre but, un but plus élevé que la satisfac-
tion des réclamistes et des barnums.

Cagliostro, l'un des fondateurs de l'Ordre, avait
donné pour signe de ralliement aux adeptes d'alors
ce fameux *Lilia pedibus destrue* (L. P. D.) qui
sonna le glas de la monarchie couronnant l'effort
de 93 par la consolante exécution du stupide
Louis XVI et de son exécrable femelle. Rien ne prouve
qu'après avoir décapité les rois, il ne se joignent
à nous pour frapper en plein cœur la société capitaliste. Comme Israël que nous avons naguère défendu au prix de notre sang et de notre liberté, la
Franc-Maçonnerie garde en elle des ferments d'insurrection, un levain de colères saintes contre les dogmes
et contre les lois qui fera grossir le pain de justice,
le pain de beauté dont l'homme, sans dieu ni maître,
communiera, un jour, ses frères et ses égaux.

Enfin — et je n'insisterai pas sur un argument
d'une telle évidence — puisque le clergé calomnie et

redoute la Franc-Maçonnerie, puisque les bajules de
sacristie, les laquais de l'Etat-Major, les habitués de
Mme de Martel croassent après elle, nous devons faire
état qu'elle est en possession d'une force utile aux
conquêtes du progrès.

Contre la formidable organisation du clergé de
toutes robes, contre les jésuites laïques ou tonsurés,
contre les guerriers en chambre, nous devons soute-
nir la seule organisation cohérente, la seule compagnie en état de leur résister.

Pour détruire la fortune individuelle, pour arriver
à la juste répartition des biens communs, il importe
de sauvegarder premièrement la liberté de l'esprit,
de ne pas souffrir que les ténèbres chrétiennes, au
profit du riche, du soudard et du prêtre, abêtissent
les travailleurs égarés.

Si l'on déverse naturellement sur le clergé anti-
clérical et maçonnique le ridicule dû à tout clergé ;
si, à bon droit, on condamne son esprit d'intrigue,
la curée qu'il fait des places et de l'argent, si l'Anarchie et le Socialisme peuvent se plaindre de n'avoir
pas été compris de la troisième république (menée
par les Franc-Maçons) ce sont là des griefs adven-
tices dont il est aisé de faire bon marché.

Leur vrai crime, c'est leur libéralisme, la tolérance
dont ils ont fait montre envers les caduques religions

et les dogmes périmés ; ce qu'on leur doit reprocher conséquemment ce n'est pas de parodier le Catholicisme, c'est de lui permettre d'exister.

Acceptons-les néanmoins, ces frères d'armes, issus de la bourgeoisie exécrée, et n'hésitons point à mêler nos étendards.

Il faut, avec leur aide, briser le pacte qui relie entre eux les divers soutiens de l'autorité ; il faut, sur les ruines du tabernacle en cendres, ouvrir la route qui mènera les pauvres à la conquête du bonheur. Que les Loges nous secondent ! En attendant que nous puissions crier : « Vive l'Anarchie ! » crions : « Sus à l'Infâme ». Embrasons à l' « Etoile flamboyante » ces lumineuses torches qui présagent l'incendie évangélique, l'heureuse conflagration du vieux monde imbécile et détesté.

L'Anarchie est la seule conception capable de satisfaire une intelligence patricienne et cultivée, puisqu'elle met l'individu fort au-dessus des lois, des coutumes et du faux contrat social. Mais, en aidant à son triomphe, il convient de harceler nos ennemis sur le terrain le plus favorable, de faire cause commune avec les modérés qui, nonobstant leur tiédeur, préparent à notre exemple un avenir de raison et de bonté, qui traquent, dans chacun de ses repaires, la criminelle bêtise des dieux.   (12 août 1901).

DEUX BALLADES CIVIQUES

BALLADE SOLNESS

POUR LE 78ᵐᵉ ANNIVERSAIRE D'HENRICK IBSEN

DITE

Par Madame Cora LAPARCERIE, aux samedis populaires de l'*Odéon*, le 7 mai 1899, au *Grand-Théâtre* de Béziers, le le 27 août 1900 et par M. Edouard de Max à la salle des Sociétés savantes, le 26 février 1901.

> *Solness. — Une tour ! Que voulez-*
> *vous dire ?*
> *Hilde Vangel. — Je pense à quelque*
> *chose qui s'élève... qui s'élève li-*
> *brement dans les airs.*
>
> HENRICK IBSEN (*Solness-le-Constructeur*).

Dans le cloaque aux herbes pestilentes,
Gonflé d'orgueil, de boue et de venin,
L'impur dragon nage à travers les plantes.
Pour abriter le difforme et le nain,
La plaine grasse a plus d'un lieu bénin,

15

Caserne, bouge, hôpital ou chaumine.
Entrez, les gueux, en loques, en sarreaux,
Bétail humain dompté par la famine !
Pourtant, voyez ! Par les airs sidéraux,
Montez, en plein ciel, droite comme un héros,
La claire Tour qui sur les flots domine.

Une princesse aux lèvres consolantes,
Rôdeurs blessés, y conduit par la main.
La voix se tait des foules insolentes
Près de la dame au geste surhumain.
Venez goûter l'espoir du lendemain,
A ses genoux : que vers elle chemine
Le peuple exempt des geôles, des barreaux !
Un souffle tiède éclot la balsamine
Et Floréal jase emmi les sureaux :
Car le soleil dore en tous sès vitraux
La claire Tour qui sur les flots domine.

Eldorados, Icarie ou Salentes,
Fuyons cet air opaque et saturnin !
Plus de mensonge ou de guerres sanglantes !
Carguons la voile et rompons le funin !
Là-bas, ainsi qu'à l'aube, un apennin,
Du temple neuf la crête s'illumine.
Prêtres abjects, rois, soudards ou bourreaux,
Juges souillant de leur honte l'hermine
Et de la foudre attisant les carreaux,
Voici, loin des gredins et des marauds,
La claire Tour qui sur les flots domine.

ENVOI

Vienne ton jour, déesse aux yeux si beaux,
Dans un matin vermeil de Salamine !
Frappe nos cœurs en allés en lambeaux,
Anarchie ! ô porteuse de flambeaux !
Chasse la nuit, écrase la vermine
Et dresse au ciel, fut-ce avec nos tombeaux,
La claire Tour qui sur les flots domine !

II

BALLADE POUR L'EXALTATION
DE LA SAINTE PITIÉ

Vieux pèlerin aux jambes mutilées,
Courbe la tête et vois grandir le soir !
Le crépuscule obombre les allées
Où ta jeunesse, en riant, vint s'asseoir
En des bosquets de myrthes et d'azalées,
Près des grands lys aux parfums d'encensoir.
Les lys sont morts. Les roses diffamées,
S'échevelant au gré du vent moqueur,
Pleurent le deuil des lointaines aimées.
Avant que soient les ténèbres fermées,
Cherche un autel où suspendre ton cœur !

Les Thalestris et les Penthésilées,
Nymphes d'orgueil que tu crus émouvoir,
Et ce laurier des victoires ailées,
Ton rêve, meurt dans la nuit sans espoir.
Une hideur sort des plèbes foulées

Comme le vin qui gicle du pressoir.
Sous le talon assassin des armées
Par qui le dol tortueux est vainqueur,
Le sang humain exhale ses fumées
Et, réjoui par la sombre liqueur,
Le prêtre boit à lèvres enflammées :
Cherche un autel où suspendre ton cœur !

Aux cieux amis où s'en vont les galées,
Sur la mer blonde et verte, pur miroir,
Partent aussi nos amours esseulées.
Rires, baisers d'antan, frais reposoir
Des jeunes bras, lèvres ensorcelées
Qui nous dictaient le rythme et le devoir,
Novembre hurle et geint sous les ramées !
Voici l'automne et sa morne langueur !
Dans un linceul de regrets, embaumées,
Triste et menant le funéraire chœur,
Le chœur plaintif des sœurs et des amées,
Cherche un autel où suspendre ton cœur !

ENVOI

Pitié ! vers toi, de justice affamées,
Pour conquérir la paix et la vigueur,
S'élèveront nos âmes ranimées.
Reine aux doux yeux des foules opprimées,
Je t'ai choisie, et voulue, et nommée
L'unique autel où suspendre mon cœur.

LE·TRAIN DES HYSTÉRIQUES

Les belles manières que ma concierge appelle
smart et le peintre d'en face *to-to*, les belles manières
que professent noblement les youtres du *Gaulois*,
depuis Arthur Meyer jusqu'à ce petit drôle de Picard,
font un devoir aux personnes élégantes de promener
leur sagouinisme et leur incapacité le long des plages
d'août. C'est le mois des grandes semaines. La
Manche, l'Océan, la mer du Nord, comme le flot de
Théramène, devant la hideur multiforme du bourgeois, reculent épouvantés. L'inexprimable délice de
payer quinze francs un os de côtelette agglomère,
sur quelque sable illustre, les juifs néo-chrétiens,
les patriotes sexagénaires, les vicomtes du Borda et
celles qui les entretiennent, les duchesses dont la

vente du porc salé armoria le blason. En attendant
qu'un nouveau bazar de la Charité nous donne le
contentement de les voir cuire, les maquereaux de
l'OEillet blanc réconfortent leurs gigolettes héral-
diques toutes par sortes de plaisirs à la hauteur
de l'intellectualité bien pensante : garden-partys,
courses, etc. La baronne Lejeune emporte son lapin
noir et Mme de Martel ses poissons bleus. Le vieil
ami de la comtesse de Loisne, dans le flot azuré
de la plaine liquide, barbote et se rappelle vague-
ment les heures d'antan, — lorsque ses nageoires
n'étaient pas tricolores. Une pouillerie en émou-
vants complêts, en transcendantes jupes, con-
tamine la robe verte des campagnes, le manteau doré des sables maritimes, effarouchant la
mouette sur la vague, les gypaètes sur le glacier.

Edmond Blanc (nul n'ignore que ce pseudonyme
cache la personnalité gracieuse du juif allemand
E. Weiss), Edmond Blanc, le grand patriote pour
qui les frères Simond portent la boîte à crottin, jetant l'or filouté par son père magnanime, l'or de
Monte Carlo, gras de la cervelle et du sang des suicidés, Edmond Blanc promène sa désinvolture parmi
les croupiers — *arcades ambo* — dont les cagnottes
pondent, aux beaux jours, leurs œufs d'or entre Lu-
chon et Biarritz. Jean Lorrain déploie, à Bagnères,

le trésor des dessous qu'à son intention préparent
les bandagistes et, de Tarbes à Montrejeau, met sur
les dents la nubilité des étalons.

La brume descend, la marée monte : voici, demain,
l'équinoxe de septembre. Le soleil mourant convie à
sa dernière fête la horde tout entière des mufles bien
rentés.

*
* *

Mais, parmi les casinos, il n'en est pas de plus no-
toires, de plus florissants, de plus épanouis que les
rendez-vous à pèlerins.

Avec le retour des huîtres, celui des cucupiètres
emplit de faguenas et de pieux mugissements les
fourgons dévolus à leur transport. Cela braille des
oraisons, baffre de la charcuterie et sent mauvais des
pieds. Luisants de chaud, de vinasse et de gras
fondu, curés, vicaires, tous les « noirs grotesques »
empilent et contiennent, dans leurs cages respectives,
la troupe suante des fidèles. Une odeur monte de vo-
missure et de chair non aiguayées : c'est le train des
bestiaux qui passe, en exode vers l'imbécillité.

De tous les dépotoirs à miracles où, cent dix ans
après la Révolution française, s'exerce la filouterie
cléricale, avec l'assentiment de la Défense républi-

caine, Lourdes est présentement un des mieux appointés. La Vierge y fait plus de galette que Liane
de Pougy, grâce à l'idée ingénieuse qu'eut, vers
1850, la femme d'un chocolatier, surprise en conver-
sation galante. de se faire passer, auprès d'une ber-
gère idiote, pour la « Reine des Cieux ». Cela,
d'abord, prit assez lentement. Depuis longtemps, la
canaille prêtre cherchait, dans le sud-ouest pyré-
néen, quelque lieu d'accès facile où mettre en coupe
réglée l'abrutissement qu'elle propage. A deux pas
de Lourdes, sur le gâve de Pau, dans un site de fraî-
cheur et de lumière, l'apparition de Bétharram avait
fait long feu. La Madone y guérit seulement des in-
firmités locales, assez peu rémunératrices. Le porte-
soutane aborigène suffit à percevoir les fruits de
cette piètre, de cette mince escroquerie.

Plus haut, sur la route de Gavarnie, par un chemin abrupt et des pentes malaisées, la Vierge de
Héas borne ses miracles aux aragonais pouilleux,
venus là par le cirque de Troumouse. Ce sont, avec
les goîtreux des hautes vallées — paradigmes du
chrétien et du crétin — la seule clientèle de ce
temple insuffisamment achalandé.

Il appartenait donc à la troisième république de
donner l'essor aux aigrefins de Lourdes. Le « sanctuaire », lancé comme un chocolat Menier quelcon-

que, obtient le même genre de succès. Tandis que
les faux mendiants, les quêteurs à domicile pour le
soulagement d'infortunes imaginaires, expient, sur
la paille de Fresnes ou de Clairvaux, leurs opérations
industrieuses, les Pères de la Grotte flibustent bon
an, mal an, une centaine de millions, à débiter de
l'eau claire et de la cire incombustible. Les grandes
compagnies, dont ils augmentent les bénéfices, leur
offrent, enthousiastes, des wagons à prix réduits.
Des médecins de jésuitières, plus vils s'il se peut que
les prêtres eux-mêmes, rebut de l'école et honte de
l'humanité, font foi « des miracles », donnent aux
faussaires l'appui de leur mensonge diplômé. Ces
gredins, dont tous les crachats du monde ne sauraient laver la face ignominieuse, engraissent à
l'ombre de l'Eglise, pourceaux bénits, gavés de l'ordure catholique. Et la police, l'état, les ministres
laissent faire, encouragent même le monstrueux dé-
ploiement, l'insurrection de la bêtise. Abrutir pour
régner. Non moins que Broglic ou que Fourtou, la
Défense républicaine approuve et seconde le geste
clérical : nul ne sauvegarde plus efficacement la pé-
cune de Turcaret. Le prêtre injecte la sottise, atro-
phie l'entendement et paralyse l'instinct sacré de la
révolte. C'est un valet de tout premier ordre au service du capital, qu'il rançonne mais défend.

*
* *

Le train du « pèlerinage national », — oh ! national comme le « vœu » du Sacré-Cœur, comme l'italien
Massimiliano Régis, et comme Charles Maurras, le
séparatiste-à-l'oreille-cancéreuse, — file en grande
hâte vers le rocher de Mme Pailhasson.

Il est parti « avec les femmes du monde qui, pour
« cette grande semaine (!), se sont constituées infir-
« mières, et les jeunes gens, élèves ou anciens élèves
« des bons frères, en costume de voyage d'une coupe
« impeccable », dit, sérieux comme un âne qu'on
étrille, le reporter d'un grand journal, manifeste
tement attendri par les rase-culs et les chemises
« impeccables » de ces jolis messieurs.

Aimables et pieux éphèbes, ils ne chômeront guère
pendant la traversée, entre les silhouettes élégantes
des femmes du monde et le priape robuste des vicaires libidineux. Roméos du côté face, Juliettes du
côté pile, ce n'est pas sans essoine qu'ils gagneront
leurs pardons et que, même avec le secours de la
grâce, ils fourniront à leur double clientèle de suaves
ou moroses délectations.

On regrette, dans le « train blanc », l'absence de
Barrès, dont les dents fistuleuses et la purulente

mâchoire gagneraient fort à être « miraculées » ; de
Coppée, ingénu catéchumène dont le geste serait, je
l'ose dire, capable de réjouir les séraphins, offrant à
la Reine des vierges, à la Rose mystique, au Lys de
Sarons, à la Demeure de David, avec leurs stigmates
incurables, ses « vaches à lait » d'autrefois, presque
aussi juteuses que les écrouelles de Quesnay.

*
* *

Depuis le temps où le christianisme, en haine
de toute civilisation, fit choir de son trône le colosse
romain, dès longtemps vermoulu par la pourriture
asiatique ; puis, s'imposant aux barbares, les hébéta
de sa philosophie niaisement abstruse et de son
despotisme féroce, les temps se sont accomplis ; la
bêtise est devenue la reine du monde.

Autrefois, la religion du supplicié israélite compre-
nait une métaphysique, une morale et une idolà-
trie.

La métaphysique, poussée au dernier degré de la
folie déraisonnante par de laborieux imbéciles, comme
Thomas d'Aquin, est devenue à peu près lettre
morte, même pour ceux qui la professent, battue,
d'ailleurs, en brèche et ruinée par tous les penseurs

qui, depuis des siècles, tentent de guérir l'humanité de la lèpre chrétienne.

La morale est celle de Flamidien, des nonnes du Bon Pasteur, de feu Wervoort, de l'abbé Santol, de Coppée et des nationalistes. Mieux vaut ne pas insister sur ce sujet scabreux.

Mais l'idolâtrie reste intacte, s'agrandit chaque jour. Les jésuites, au xvii° siècle, ont inventé le Sacré-Cœur. Lourdes fait à présent une sainte concurrence à Paray-le-Monial. Qu'inventeront-ils demain et ne vont-ils pas obliger les fidèles à vénérer l'excrément d'un quelconque bon Dieu ?

Le 8 septembre dernier, jour de la Nativité Notre-Dame, dans la *tranvia* de Pasajes à Oyarzun, je vis un coquillard retour de Compostelle. Vieux, hébété, les yeux jamboniques, il portait sur sa pèlerine crasseuse les pétoncles traditionnels. De bonnes femmes se signaient, baisaient leur pouce et lui donnaient quelque piécette. C'était un pèlerin modèle, un vrai qui, le bourdon à la main, avait fait sa route. Et, pour franchement dire, il ne me semblapas autrement dégradé que les idiots de tout poil, ingénieurs, avocats, hystériques, badauds ou philistins, qui vont à Lourdes solliciter la rémission de leur gravelle ou bien le succès de leurs entreprises sur la bourse d'autrui.

(23 août 1901).

LES ROIS S'EN VONT !

Cette année d'Exposition, ultime du siècle fangeux
qui, désertant la Révolution française, a commencé
par le Concordat et fini par le verdict de Rennes,
cette année aura vu, parmi tant d'horreurs, de sottises
et de prostitutions accumulées, un geste qui console
et ravive nos espoirs : l'exécution d'Umberto par
l'anarchiste Bresci.

Depuis que Bonaparte, ayant épousé la vieille maîtresse de Barras (Lemaître se contente des épluchures
de Lalou) et, par cette honte, machiné sa campagne
d'Italie, escamota la République, promenant à travers
massacres et déroutes le carnaval sanglant de la
Grande armée, plus d'un vengeur s'est dressé qui,
d'un glaive piaculaire, décima les représentants de
l' « ordre moral » et de la société bourgeoise. Leur
histoire est celle de la conscience humaine, sous les

divers régimes préposés par l'Argent à la garde im-
pitoyable de ses coffres-forts.

Hugues Destrem, au conseil des Cinq Cents, frappe
le premier consul ; mais son couteau mal emmanché
effleure seulement la poitrine du bandit et l'Empire,
quelques jours après, déshonore la France. Louvel,
en février 1820, poignarde l'héritier des Bourbons,
de qui la souche putréfiée reverdit — par miracle,
affirment les ultras — dans le claudicant et stupide
Chambord. Louis-Philippe évite le fer d'Alibaud
(juin 1836) chargé de punir le massacreur de la rue
Transnonain et du cloître Saint-Merri. Je tais à dessein Fieschi (1836) et, plus tard (1858), Orsini, le
carbonaro. Pour tuer le roi de juillet ou l'empereur
de décembre, ces allumeurs de bombes n'avaient

Ni le cœur assez droit, ni les mains assez pures.

C'étaient des assassins et non des justiciers. Ils ont
leur place à côté des chourineurs jésuites, Clément
Châtel, ou Ravaillac, dans le musée du crime et les
annales de la folie.

Sous la troisième république, menteuse aux promesses de son nom, sous la république des capitalistes et des curés, de nobles enfants ont dévoué leur
jeunesse radieuse à cet acte de suprême équité : le
meurtre des exploiteurs. Ceux-ci, foudroyant, comme

Ravachol ou comme Henry, la tourbe anonyme des repus ; ceux-là marquant, pour l'expiation, tel souverain dont les crimes avaient comblé la mesure des scélératesses monarchiques.

En vingt ans, le tzar Alexandre II, le président Carnot, Canovas, hideux ministre de la hideuse Régente et, hier encore, Umberto, roi d'Italie, payèrent de leur vie les attentats du riche, du prêtre et du soldat.

Sophie Perowskaïa, Hartmann, Rysakoff, Caserio, Angiolillo et Bresci, couronnant du myrthe d'Harmodios une arme libératrice, affirmèrent, au prix de leur sang épandu, le droit imprescriptible de la raison contre les parasites, les gouvernants et les obscurantins.

Puissent les autres « pasteurs de peuples », déchaînés ou hypocrites, emmaillotés plus ou moins de constitutions et de chartes, subir, avant longtemps, un pareil destin, suivre leurs compères en souveraineté, les « hommes loups » si justement abattus.

La presse bourgeoise vaticine un complot, une liste de proscription condamnant à mort *tous* les princes européens. Puisse-t-elle dire vrai ! Que tombent, d'abord, l'un et l'autre pape, celui du Vatican et celui du Kremlin : car l'autorité spirituelle est, de toutes, la plus immonde ; car ces deux malfaiteurs joignent l'abrutissement au vol à main armée, l'ignominie chrétienne aux royales exactions ; puis, la

vieille ogresse qui se faisande à Balmoral et son petit-
fils, le *kaiser* lunatique, et le scrofuleux héritier d'Alphonse XII. Qu'après eux, enfin, disparaissent dans
un même naufrage le Capital homicide, les religions
dégradantes, les mensonges de toute espèce qui permettent à quelques hommes d'asservir l'humanité !
Les rois s'en vont ! Bientôt les pourrissoirs dynas-
tiques, Weisminster, Escurial ou Panthéon n'auront
pas assez de ténèbres, de caveaux et d'*in-pace* pour
engloutir leurs charognes scélérates. Qu'elles aillent
à l'égoût, aux charniers, aux latrines ! Que leur
néant vénéfique s'amalgame à la vie universelle,
dans un crépuscule de pardon et d'oubli !

En attendant, les classes dirigeantes usent de représailles ; l'échafaud répond au glaive. Les sordides
mains du tollard et des geôliers consacrent nos martyrs. La loi brandit sur eux une hache que l'Argent
a graissée, que le Prêtre a bénite. Qu'importe ! Le
poignard sacré des régicides brille, comme un astre
d'éclat nonpareil, au firmament de l'avenir. Les
rois s'en vont ! Le sang de Thraséas offert en libation
à Jupiter *Liberator*, imprégnera les semailles futures,
les moissons fraternelles de commisération et de
beauté : de lui naîtra le Juste, unique roi des temps
meilleurs.

(7 août 1900).

TUEURS DE ROIS

L'attentat dirigé contre feu le président Mac-Kinley a de pleurs saturé les cavités palpébrales de M. Roosvelt, son gracieux héritier. Mais ce hollandais, plus humide que le polder lui-même, ne pleure pas dans la solitude ; le jus de ses paupières conflue à bien d'autres ruisseaux.

Le cœur de la France monarchique palpite encore d'indignation. Il n'a pas fallu moins que les boudins russes de Compiègne et de Dunkerque pour la remettre un peu.

Car l'idée indéracinable que l'« Oint du Seigneur », fût-il un simple marchand de pétrole ou de hareng salé, appartient à une espèce d'hommes au-dessus de la mort et des lois, décore le vide intellectuel de la « matière gouvernable » entre Morlaix et Perpignan — tel un chromo pendu au mur des lieux. Encore que relégué au second plan, tenu dans l'ombre par les cosaques prostitutions, le coup de revolver dont fut atteint le chef politique des Etats-Unis, *sic semper tyrannis !* n'a pas laissé de mettre en évidence l'anthropologie et l'histoire des chroniqueurs les plus autorisés. Ils citent à l'envi, dans la mesure de leur intellect et suivant la proximité du Larousse, le technique assimilé en vingt minutes d'horloge au contact des grands criminalistes : Ferri, Lombroso, Garolafo, Tarde, Corre et le professeur Régis (de Bordeaux), lequel vient d'inaugurer un vocable, sinon joli, du moins tout neuf : *Les magnicides !* Un *tutti* fulgurant de dates et de menus faits jaillit en ces puits d'érudition. Ils épanchent ce qu'ils ont dans leur mémoire de semaine, jusqu'à l'heure apéritive où certains cafés à gens de lettres hospitalisent les affamés de relations.

On vient de leur apprendre que les tueurs de rois sont des fous ou bien des malades, lorsque ce ne sont point des histrions, et, cette brioche entre les dents, ils frétillent comme caniche qui porte le stick de son suzerain. C'est commode, facile à croire et permet d'adoucir les alarmes publiques. Chacun sait, en effet, que les aliénés habitent des casemates, avec, auprès d'eux, toutes sortes de gardiens ayant pour unique souci d'empêcher qu'ils ne perturbent la digestion des personnes riches et nerveuses.

D'ailleurs, n'est-ce pas le fait d'un lunatique que vouloir changer quoi que ce soit au meilleur des mondes, ancien ou nouveau, sur quoi règne la bourgeoisie capitaliste ? Croire que le sang de Thraséas offert en libation à Jupiter Libérateur, que le fer d'Harmodios, sous la branche de myrthe, peut modifier l'heure de la Bourse ou les transactions sur la poudrette, quel orgueil ! et quelle stupidité !

Ces choses-là servaient de texte à déclamation, quand les tyrans humains du paganisme se contentaient d'ouvrir quelques veines, de brûler avec élégance, pour éclairer leurs jardins, la lie des Catacombes.

Plus irritable que Néron, plus féroce que Caracalla, plus despote qu'Ivan le Terrible, Joseph Prudhomme n'entend point de cette oreille ! Allez donc entonner près de lui :

Victrix causa diis placuit sed victa Catoni.

Si, d'aventure, il comprend ce langage, vous ne tarderez guère à savoir quelle estime il fait de Caton, et les mouches de Puibaraud, conduites par Fouquet, sonneront à votre porte, le lendemain matin.

Ce n'est pas la moindre inconséquence de la pédagogie française que d'offrir en exemple aux écoliers tant de régicides fameux, et, pendant plusieurs

années consécutives, de leur apprendre que la suprême gloire, l'acte pieux et viril par excellence
c'est abattre le roi, le dictateur, l'assassin du vouloir
populaire et de rendre la cité à ses propres lois. Il
n'est pas bachelier, tant ignare qu'on le suppose, qui
n'ait traduit la chanson de Callistrate ou célébré les
idées de Mars, en hexamètres biscornus.

Il n'existe point une oraison latine, de celles où les
jeunes élèves citent, à la barre du Sénat, César préva-
ricateur, égorgent devant l'autel de la Déesse, Hip-
parque terrassé, qui n'induisît les commissaires de
Paris et de la banlieue à dissoudre incontinent une
réunion d'anarchistes. Il ferait beau voir que la police,
avant de cogner, prît la peine de s'instruire ! Bientôt
le cataclysme final succéderait à cette apocalypse.

La doctrine libertaire qui préconise le régicide
comme le geste le plus beau des actes héroïques
n'appartient pas au fond national, incompatible
comme elle est avec l'endurance qui caractérise le
peuple français et, quel qu'il soit, le met aux pieds
de son gouvernement. Ici, les énergumènes sont d'importation. Les tueurs de monarques, les Brutus de
collège ont été fournis par l'éducation jésuite. Chatel,
Ravaillac — avant eux, Jacques Clément — grisés de
fanatisme et d'imposture, servaient les desseins de
la Compagnie de Jésus. On retrouve l'influence des

Pères jusque dans la rhétorique meurtrière des jacobins. Camille Desmoulins, Robespierre sortaient de leurs maisons. Un fait plaisant, c'est que les « soutiens de la liberté », dont jésuites ou montagnards préconisaient les exploits, furent des patriciens tenaces, acharnés aux vieilles mœurs, en lutte contre le chef démocrate qui renversait les castes et, pour édifier son empire, faisait intervenir la plèbe dans les pouvoirs publics.

Lucain, Juvénal, Tacite, obstinés réactionnaires, ne lamentent pas autre chose que la féodalité, la rude oligarchie des premiers temps de Rome. Ils eussent tenu Louvel, Alibaud, Berezowski, pour d'infâmes scélérats. Brutus, dans les temps modernes — une seule fois peut-être — se réincarne dans Ankarstroëm, qui assassina Gustave III, dernier descendant de Vaassa, pour vendiquer les prérogative du Sénat de Stockholm.

Aussi la faveur publique (j'entends celle du public formé dans les collèges ou lycées, plus que jamais sous la direction des RR. PP.) est-elle à jamais acquise aux meurtriers qui, comme Charlotte Corday, ont, en même temps que leur victime, féru la liberté.

Les Pazzi assassinant les Médicis pour complaire au pape Sixte IV, Cola de Montani égorgeant Galeas Sforza, Lorenzaccio poignardant le duc Alexandre, semblent aux lecteurs du *Petit Journal* des porte-glaives fort honorables, dignes de fréquenter leur « société ». Mais si le couteau des conspirateurs italiens, ce couteau qui, dans les principautés du Moyen Age ou de la Renaissance, tranchait les différends, lorsque guelfes et gibelins enfonçaient leurs lances aux portes du palais, criant, les uns : *Popolo* ! les autres : *Liberta* ! si ce couteau vient aux mains de Bresci ou de Caserio, la société moderne regarde leur mort comme une expiation trop légère ; par la bouche des académiciens, des rhéteurs, des savants, des hommes d'ordre, elle renverse un tombereau d'ordures et crache sur la face blême des guillottinés,

Il a fallu, vers 1840, la fougue romantique et l'emportement anarchiste de Barthélemy Saint-Hilaire pour oser, sous le « roi-citoyen », l'apologie du grand Louvel.

Viennent ensuite les aliénistes. Ceux-là ont toujours raison. « Du poète, du médecin, du fou, nous tenons tous un peu », dit un proverbe espagnol contemporain de Cervantès. En effet, le régicide paraît atteint de la maladie qu'il veut guérir. Une espèce noble de « persécuté-persécuteur ».

« Ces malheureux jeunes gens périssent — dit Machiavel — parce que les masses qu'ils espèrent voir

venir à leur aide pour les défendre ne les suivent pas.
Que les conspirateurs sachent combien est vaine la
pensée qu'une multitude, même mécontente, les suivra dans la gloire ou le péril. »

Ecrites vers 1546, au lendemain de la conspiration
de Montani et de Jérôme Olgiati, ces lignes résument
encore d'une manière définitive la leçon à tirer des
meurtres politiques. Si beau et généreux que puisse
être le sacrifice, la foule est trop abjecte pour fonder
là-dessus un acte libérateur. Elle injurie et passe, ne
donnant pas même un adieu mélancolique à ceux
qui, pour améliorer ses destins, offrirent jusqu'au
sang de leurs veines. Elle assouvit contre eux ses
instincts les plus bas et, non contente de les frapper
à la tête, *feri faciem !* conduite par les courtisans de
sa démence, ivre de calomnie, elle outrage leur mémoire et souille leurs tombeaux.

Hélas ! et ces choses dureront aussi longtemps que
Millevoye, ignorant Machiavel, ne modèlera pas sa
politique sur *Le Prince* et qu'au seul nom d'anarchiste, Déroulède, avec des gloussements carnassiers,
érigera les caroncules de son cou maigre, son cou
d'oiseau ridicule et féroce, moitié dindon, moitié
vautour.

                              (14 septembre 1900).

LE TRIOMPHE DE LA DOMESTICITÉ

> Les autres parties du monde
> ont des singes. L'Europe a
> les français. Cela fait com-
> pensation.
>
> Arthur Schopenhaüer.

Dans l'éleuthérie de vendémiaire, les classes dirigeantes se donnent un spectacle digne d'elles. Aux
soldats, esclaves de l'immonde patrie, le riche impose
une corvée supplémentaire. Il constate *de visu* l'entraînement du bétail tricolore et, sous le soleil cui-
sant, fait subir des épreuves dégradantes à ce troupeau de chiens qu'il nomme son armée. Cela rassure
la digestion des satisfaits. Rien ne manque au défilé
des égorgeurs, bons à noyer dans le sang nos espérances et nos révoltes, pas un bouton de guêtre, pas
une baïonnette, pas une cartouche. Les fusils de
Millerand partent tout seuls. Mamon peut dormir
sur les deux oreilles. Ses cambrioleurs sont sous les

armes, ses assassins veillent au grand complet.
Spectacle généreux ! Cela s'appelle grandes ma-
nœuvreset fournit, aux journalistes un nombre de
solécismes pétrifiant.

En général, cette mise en scène guerrière, ce bœuf
gras stratégique n'ont d'autres résultats que de brûler
aux moineaux une poudre immodérée. Outre les pou-
pons abandonnés, les filles de basse-cour négligem-
ment fécondées par d'irrésistibles housards ou des
artilleurs persuasifs, outre l'alcoolisme inhérent aux
enfants de Mars, la réjouissance a pour conclusion ces
discours où le chef de l'Etat, — plein de barbarismes
adulateurs, — flagorne la peautraille militaire, silen-
cieuse et rechignée. On toaste, on palabre, on sable
du vin de champagne à la glace, tandis que les mornes
captifs, les soldats crèvent de fatigue et de chaleur.
On dispense l' « étoile des braves » aux capons les
mieux avérés. Le canon tousse, les autorités se com-
blent de révérences. Puis, la harde monte dans le
convoi. Tout est fini, jusqu'à l'année suivante.

En 1901, les choses n'iront pas d'un train si uni ;
car la domesticité française tient, à présent, ses
grands jours. Porte-coton, lécheurs de bottes, ceux
de l'Académie et ceux des maisons closes, les tri-
gauds de la presse, les pouacres de l'Etat-Major,
les pieds-plats de l'Elysée et les bassets du Minis-

tère, dans une épilepsie unanime de domesticité,
se ruent à deux genoux vers le tsar Nicolas. Car le
revoici, comme aux temps immémoriaux de Félix
Faure, l'escroc impérial de toutes les Russies, qui
vient pour intimer quelques ordres à la française
platitude ou bien pour souricer encore un peu d'argent à la poltronnerie exorbitante de l' « épargne
nationale ». Occasion unique de profuser un large
numéraire, de gaspiller en feux d'artifices, en lampions, en boustifailles serviles, autant d'or qu'il en
faudrait pour abriter et nourrir, pendant la saison
mauvaise, un peuple entier de malheureux. Des
courtauds de boutiques, (garçons de magasin ou notables commerçants), des ronds-de-cuir, des laveurs
de vaisselle, des habitués de la comtesse de Martel
— toutes sortes d'espèces dont l'intellect racorni, le
cœur purulent et les nerfs en bois de chaise percée
n'éprouvent d'aucune façon, même la pitié quasi-ma-
chinale qui fait secourir un pauvre diable dans la rue,
— des pouilleux vont se ruiner en flammes de Bengale en stéarine et chandelles romaines, en drapeaux
tricolores, en beaucéants noir et jaune dont les êtres
un peu délicats ne voudraient point, si je l'ose dire,
pour éponger le carreau des lieux. Les camelots sont
aux anges. Les reporters, autres camelots, versent
de la copie comme un hareng laisse fuir sa laitance.

Marcel Hutin, juif antisémite, domestique d'Edmond
Blanc, Marcel Hutin qui, de son vrai nom, s'appelle
Blum, Lévy, Cohen, Salomon ou peut-être Lilien-
thal, fonde un espoir magnanime sur la triple
alliance franco-russe-allemande ; car, dit-il, nous
n'avons qu'un ennemi commun, à savoir l'Angleterre. O Bonaparte ! O Millevoye ! O Déroulède !
Grands hommes ! Ce rebut des judengasse, qui écrit
avec la patte d'oie que portèrent à l'épaule ses aïeux,
ranime votre philosophie de l'histoire. Il professe
pour Jeanne d'Arc la religion nouvelle des grues
de Trianon.

Social-Lucullus et, marchant à sa tête, le vieux
monsieur de Montélimar, s'étudie aux salamalecs, aux
génuflexions, aux baisemains, aux révérences cour-
tisanesques — et, nulle bride à veaux ne lui manque,
à la désinvolture des cours. Ils voudraient saluer
comme Dangeau, écouter comme La Feuillade et ré-
pliquer comme Grammont. Issus, la plupart, de pères
innommables et de maritornes sans éclat, ils sentent
leur néant, s'aplatissent de leur mieux, se pavanent
de coudoyer un Romanoff, eux qui n'eurent si longtemps pour toute relation que les joueurs de bézigue,
au Café du Commerce. Chacun s'évertue à manifester la plus rampante bassesse. L'exemple les emporte.
Ils courent, à l'envi, le *steeple* de l'abjection. A

ce concours de valetaille, Millerand apporte les ca-
nardières de Chalon, Monis une botte de paille
— souvenir des cachots d'antan — et le jeune
Leygues force pots de vaseline indulgenciés par le
Saint-Père. C'est agréable et majestueux !

Donc, à Reims, à Dunkerque, à Bétheny, la
France va faire la pute, s'aplatir devant le collatéral
de Guillaume Ier et d'Edouard VII. Les grandes manœuvres, hideuse atellane, parade inhumaine et ré-
pugnante, auront cette année un épilogue nidoreux.
Les saltimbanques à plumes d'autruche, les colonels
de jésuitières, les officiers de tous grades entretenus
par la cagnotte, les pierreuses, les jeunes filles avec
tache et le denier de Saint-Pierre, les traîneurs de
sabre que l'Eglise sustente et qu'abreuve le Lupanar,
les Etats-Majors des armées terrestres ou navales,
toujours battus (heureusement !) et toujours infâmes,
chapeaux à claques et têtes à gifles, vont recevoir des
honneurs adéquats à leur domesticité. Leurs poitrines
reluiront des crachats que méritent leurs visages.

Après nous avoir scarifié pendant un quart de
siècle, après avoir dégobillé, dans tous les endroits
publics, et la revanche et la haine de l'allemand et
« vous n'aurez pas l'Alsace et la Lorraine », et autres
saloperies que Coppée faisait semblant de mettre en
poëmes, voici que les revanchards, nationalistes, bou-

langistes, sagouins de l'OEillet blanc, proxénètes
du Petit chapeau, vermine des cercles catholiques, d'accord avec le gouvernement de cafards qui
déshonore la socialisme, s'accroupissent dans la
gadoue, se prosternent dans la fange, tandis que
passe le meurtrier de la Finlande, le bourreau des
étudiants russes, le persécuteur du grand Tolstoy.
Ils se vautrent, ils se pâment dans les bras du mos-
cove ou, pour mieux dire, de l'allemand. Car c'est un
pur teuton, cet empereur imbécile, ce Nicolas II,
ivrogne comme un portefaix, lâche comme un castrat
(il n'ose même pas traverser Dunkerque), et plus
abruti de mysticisme que les stupides caloyers
du mont Athos. C'est un germain fors la faculté de
penser : Holstein-Gottorp par Pierre III, Anhalt-Zerbst
par Catherine II, sans compter les princesses alle-
mandes, femmes des Alexandre et des Nicolas. Il n'est
pas plus Romanoff que Gamelle n'est Bourbon.

Mêmes intérêts chez le russe et l'allemand, à
l'exception des Provinces baltiques. Mais Guillaume
n'a pas plus envie de les reprendre que nos patriotes, les villes annexées. La Prusse et la Russie,
toutes deux, gardent un lambeau de la Pologne.
La Russie isolée ne peut rien pour la France, ni par
son armée, puisqu'il faudrait traverser l'empire du
kaiser, ni par sa flotte qui ne vaut pas même celle

de M. de Lanessan. Il n'existe donc pas la moindre
raison de se faire un allié d'un ennemi possible.

Au moment des premières convulsions de Cronstadt et des officiers russes,

« Les matelots
« Sont rigolos ! »

beaucoup de Français crurent que l'alliance était of-
fensive. On allait rendre Strasbourg et purger la
place de la Concorde, où brille en effigie la grande
ville rhénane, du fumier dont la ligue des poires en-
combre cet endroit. Le tsar allait aider la France
dans une guerre contre l'Allemagne. On entendait,
en 1896, les lecteurs du *Petit Journal* dire : « Il
faudrait savoir ce que le tsar a prescrit à M. Ha-
notaux ».

Mais tout le monde sait, aujourd'hui, que l'alliance
est purement défensive. Les deux alliés garantis-
sent leurs possessions actuelles. Les Français re-
noncent, par là même, à reconquérir les provinces
annexées en 1871. L'Allemagne ne les attaquera pas
plus qu'elle n'eût, au demeurant, attaqué la France
toute seule. Présentement, la situation est celle-ci :
es puissances **veulent** maintenir la paix en Europe
parce que la guerre y serait absolument ruineuse. Les
hommes, bien entendu, la chair des forçats en tu-

niques, chair à canon, chair d'hôpital, ne comptent
point. En revanche, elles se donnent plein pouvoir
quand aux expéditions en Afrique, en Asie, en Amé-
rique. On y massacre impunément et les évangélistes,
huguenots, romains ou orthodoxes, les missionnaires
de toute robe ont de quoi voler à grinche-que-veux-
tu. Voilà manifestement la signification de l'entretien de Guillaume, Edouard et Nicolas, c'est ce
que le « petit père » vient d'expliquer au moujik
Delcassé.

A moins que, chef d'une agence électorale, Nicolas
ne déambule pour forcer la main au « suffrage universel » et donner à cette prostitution publique une direction nationaliste, préparant ainsi la voie de son Bonaparte sous l'égide tutélaire des ministres républicains. Peut-être s'efforce-t-il de réparer les balourdises
financières de Monsieur de Witte, en inspectant la
flotte et visitant l'armée. Enfin, autre hypothèse également plausible, le « petit père » entame une croisade et fomente (déjà !) son entrée à Constantinople

> « Mahomet deux, sur les murailles
> « Lui cria : « Qu'es-tu ? » Le géant.
> « Dit : « Je m'appelle Funérailles
> « Et toi tu t'appelles Néant ! »

Quant aux généraux de la troisième République

ils ont un sobriquet tout trouvé. Ils s'appelleront
« Coup-de-pied-au-cul ».

Mais, pour caracoler dans Byzance et, devant l'autel
d'*Hagia Sophia*, ceindre le diadème orfévré des
Commène et des Paléologue, il importe d'envahir ces
fameux quais de Tubini et Lorando — violon incomparable de chantage national dont cette vieille gouape,
Constans, est le Paganini.

L'Angleterre occupée au Transvaal, pourquoi, pendant ce temps, les badauds français ne prendraient-ils
pas l'avant-garde périlleuse d'une escadre russe ? Caporalisme et servilité ! Il sera plaisant de reconstituer
l'empire byzantin. Coppée, aveuglant sa fistule, y
tiendra l'emploi de Bélisaire, et Barrès, le chapon,
actionnera le fuseau de Narsès. M. Rostand, que les
ratapoils traitent communément de poète, sera le
Lycophron du nouveau Constantin cependant que, sur
les marches du cirque, Possien, plus ivre que de cou-
tume et, dégobillant sa douzième bleue, entonnera pour
Cloutier l'hymne des Romanoff : *Bodjé tzara vômi !*

On se demande quelle vésanie a pu mouvoir la
France, au nom républicain, vers la déshonorante
amitié d'un peuple hébété de despotisme théocratique
et militaire. Qui donc infusa cette chorée humiliante,
ce prurit simiesque, cette danse de Saint-Gui infec-
tieuse ? Elle poussait naguère les gigolettes pari-

17

siennes à baiser de leurs bouches le visage crasseux
des marins d'Avellane. Rien, sinon l'humeur an-
cillaire, sinon l'appétit courtisan d'adorer un maître,
sinon le besoin de s'avilir, nature même, ressort
intérieur du « bon français ». La nation qui fit 93,
en est au point de déchéance noté par Montesquieu,
« quand les athéniens n'étonnaient plus le monde
que par leurs flatteries envers les rois ».

Le parvenu du Ministère, le grotesque von Millerand
ne se sent pas de joie à la pensée d'engloutir des per-
dreaux, des aspics de foie gras, des turbans de ho-
mard en compagnie d'un tsar et d'une impératrice
véritable. Mœurs de larbins, courage de valets que
suit une troupe moutonnière, une populace de brutes,
inclinée aux pires abjections.

Certes les lois scélérates, d'abord, puis l'humanité
(si tant est que les assassins en épaulettes, les égorgeurs professionnels, doivent se réclamer de la pitié
humaine) interdisent d'appeler sur Nicolas et sa femelle, sur Loubet et ses ministres, sur les troupes en
manœuvre, sur la clique de l'Elysée et sur les
mouches de la Préfecture, sur les badauds compli-
menteurs et forcenés, les catastrophes expiatoires.
Qu'elles dorment à jamais les bombes de Hartmann,
de Cheliaboff et de Berezowski ! Que se rouille le fer
d'Harmodios, de Bresci ou d'Angiolillo, trop pesant

aux lâches spectateurs des chie-en-lit patriotiques

Volez aux misérables, volez cette richesse qui, pendant un long hiver, eût adouci pour eux le froid et la famine ! Brûlez aux souverains des lampions ! Offrez-leur, en larrons que vous êtes, le trésor des bien communs dilapidés ! Faites paraître vos danseuses, vos archevêques, vos officiers, vous-mêmes, tous les saltimbanques, tous les prostitués, afin de divertir quelques instants, par le spectacle de votre hideuse scurrilité, les hôtes qui daignent vous apporter leur couronne, leur mépris et leurs commandements.

Cependant quelle joie et quel rafraîchissant dictame pour nos colères, si quelqu'un des hilotes, comparse révolté de la turpide mômerie, si les corvéables de la fête et les mercenaires du gala, redressaient tout à coup leurs front d'hommes ; si, devant les pourceaux gorgés de chair et d'or, autocrate russe ou larbins de France, apparaissait, dans une fulguration de tempête, la face redoutable du Pauvre !

Quoi, parmi ces soldats illégalement retenus pour veiller sur la route où se piaffe la couardise impériale, parmi ces garde-barrières qui gagnent neuf francs tous les mois, parmi les chemineaux, les mendiants, les trimardeurs, les outlaws, ceux qui meurent de froid sous les ponts, en hiver, d'insolation, en été, de faim toute leur vie, il ne s'en trouvera pas un pour prendre son fusil, son tisonnier, pour arracher aux frênes des bois le gourdin préhistorique et, montant sur le marchepied des carrosses, pour frapper jusqu'à la mort, pour frapper au visage et pour frapper au cœur la canaille triomphante, tzar, président, ministres, officiers et les clergés infâmes, tous les exploiteurs du misérable, tous ceux qui rient de sa détresse, vivent de sa moelle, courbent son échine et payent de vains mots sa tenàce crédulité ! La rue de la Ferronnerie est-elle à jamais barrée ? La semence des héros est-elle inféconde pour toujours ?

Le sublime Louvel, Caserio n'ont-ils plus d'héritiers ? Les tueurs de rois sont-ils morts à leur tour, ceux qui disaient, avec Jérôme Olgiati, l'exécuteur de Galéas Sforza, qu'un trépas douloureux fait la renommée éternelle ? Non ! La conscience humaine vit encore. Que Paris acclame le tzar Nicolas II. Que Loubet, couvert encore de leur bave, ramène Déroulède et Guérin, et tant d'autres voyous ! Que Puibaraud emprisonne des enfants comme Almereyda, sous couleur qu'ils ont les mains blanches avec des yeux jolis. Le soir viendra bientôt, le soir de la justice, irrésistible comme le printemps.

Et vous paierez alors, en une fois, l'arriéré de vos dettes, o bourgeois capitalistes ! o bétail infâme des honnêtes gens ! Vous rendrez cet or qu'une sordide peur vous fait mettre sous la garde plus ou moins efficace du premier despote venu. Alors, vos prétoriens, vos prêtres, vos juges sinistres et vos soldats bestiaux resteront impuissants, ne pourront plus défendre l'idole rebutante et cruelle que vous servez encore. Vous tomberez au pourrissoir, dispersés par un vent de tempête, qui emportera vos demeures, vos trésors, vos jouissances, comme un tas de fumier qui souillait la pureté du ciel et dont l'orage seul des révoltes en marche peut laver la sournoise, la féroce, la ténébreuse puanteur.

(15 septembre 1901).

AAAAAAAAAAAAAAAAAAAAAAAAAAAAAAAAAAA

QUELQUES DÉLATEURS

On a cru devoir consigner, à cette place un brelan, de turpitudes colligées parmi les dénonciations catholiques et nationalistes qui provoquèrent des poursuites contre le LIBERTAIRE. *A côté des garçons d'abattoir et de confessionnal, des bedeaux et des marlous, il est instructif de voir figurer M. L. N. Baragnon qui, pouvant se livrer à des besognes honorables, à des tâches de galant homme et de lettré, juge opportun de faire ce métier-là.*

COMÉDIE WALDECKISTE

De même que l'agent provocateur Salsou, qui tira sur le shah de Perse un coup de feu, à l'aide d'un revolver dont le percuteur avait été soigneusement limé sur l'ordre de Puibaraud, l'agent du ministère

de l'intérieur, Laurent Tailhade est déféré à la justice
en raison du violent appel au meurtre publié dans le
Libertaire sous sa signature.

Nous avons mis les choses au point, il y a trois
jours. Nous avons expliqué comment le *Liber·
taire*, Laurent Tailhade et Waldeck sont unis par
les liens les plus étroits de l'intérêt.

Nous avons démontré que la provocation à l'assassinat du czar signée Laurent Tailhade, rédacteur au
Malin et au *Français*, organes chers à Waldeck,
était une affaire combinée, arrêtée entre le président
du conseil et les anarchos qu'il subventionne.

Il s'agissait, « coûte que coûte », c'est le cas de le
dire — et ça coûtera gros aux fonds secrets alimen
tés par l'inépuisable Rothschild — d'enlever au czar
toute velléité de se rendre dans la capitale. Waldeck,
qui juge du courage des autres sur sa propre lâcheté,
escompta l'effet de cette excitation non déguisée à
un attentat.

Il en sera pour ses frais.

En attendant, l'hôte de la France ayant été l'objet
de menaces, de provocations au meurtre prévues par
la loi, il était difficile à Waldeck de garder le silence
et de ne point déférer au parquet — pour la forme
— le libelle du *Libertaire*.

Ces poursuites, nous savons ce qu'en vaut l'aune.

Pour commencer, l'agent Tailhade a été prévenu par
un copain de la « secrète » qu'il était sous le coup
d'un mandat d'amener. De sorte que, lorsqu'il s'est
présenté au domicile de ce cumulard qui joint aux
fonctions de rédacteur à la *Petite République*, au
Matin et au *Français*, celles d'anarcho de préfecture, à la solde de la place Beauvau, le commissaire
de police a trouvé l'oiseau déniché.

Il y a donc chance — à moins qu'il ne reçoive un
ordre formel de Waldeck — pour que Tailhade,
jouant la « fille de l'air », nous frustre de la comédie du procès où il eût été condamné aux cinq
cent francs d'amende que Puibaraud est tout prêt
à verser au greffe de la correctionnelle.

Les patrons des Libertad, des Lucas, des Sébastien Faure et autres anarcho-fumistes, entretenus
aux frais des contribuables, ont sans doute jugé que
la plaisanterie qui consiste à faire traduire devant
les tribunaux ces aimables instruments de la Défense républicaine, pour les mettre ensuite en liberté, sans les obliger à faire la peine à laquelle ils
ont été condamnés, a désormais fait son temps. Le
procédé est brûlé, tout comme les individus.

Avec le cas Tailhade, nous assistons à l'inaugura-
tion d'un nouveau système. On prie le délinquant
d'aller, quelque temps, respirer l'air de la Suisse,

après lui avoir, au préalable, bourré les poches de petits papiers bleus.

Il faut vraiment que Waldeck prenne le public pour une bien fichue bête s'il croit sincèrement le duper avec cette comédie ridicule.

Il n'est personne qui ne sache que le Laurent Tailhade est un abject valet de plume, à la disposition de toutes les publications qui « touchent » au ministère de l'intérieur, et que l'article du *Libertaire* fut dicté par Waldeck pour servir ses tortueux desseins.

Dès lors, pour nous, l'affaire est classée. Peu importe que le Tailhade soit ou non poursuivi. Le coup waldeckiste a raté, puisque le czar vient à Paris, et le ministre de l'intérieur aurait mauvaise grâce à insister, à souligner sa déconvenue en la livrant aux échos du Palais de Justice.

* * *

Le *Français*, journal officiel de l'Allemand Waldeck, qui y publie des articles sous divers pseudonymes, disait, il y a quatre jours, avec l'autorité due à une si haute collaboration :

« Le czar ne viendra pas à Paris. La nouvelle en est aujourd'hui confirmée. »

Et Waldeck, le libertaire, dont la haine envers le Conseil municipal se manifeste sous toutes les formes, ajoutait ironiquement :

« L'invitation de M. Dausset aurait gagné à passer par l'intermédiaire des ministres responsables. »

Toutefois, de peur d'être tout à coup démenti par les événements, l'anarchiste de la présidence du conseil lançait, sous la signature d'un certain Tailhade, également rédacteur du *Français*, des appel formels à l'assassinat de notre allié, dans l'espoir de lui enlever toute envie de visiter une capitale semée de tant de périls.

Il lui signifiait, en outre, que s'il commettait l'imprudence de s'y hasarder, la police française, qui ne coûte guère aux contribuables qu'une centaine de millions par an, n'osait pas répondre de sa sécurité.

Ces menaces de mort, adressées par notre ministre de l'intérieur au chef de la seule puissance européenne sur laquelle la France puisse s'appuyer, n'ont pas réussi à modifier la résolution depuis longtemps prise par l'empereur de Russie de venir en personne remercier la population parisienne du magnifique accueil qu'il avait reçu d'elle en 1896.

En revanche, les manœuvres scélérates de l'assassin Waldeck auront eu pour effet de resserrer étroitement les liens de solidarité qui unissent les Français et les Russes. Nicolas II s'en apercevra à son arrivée parmi nous et Waldeck-Tailhade s'en apercevra aussi.

Vainement ce dernier, en constatant l'inanité de ses excitations au régicide, a-t-il feint de décerner un mandat d'amener contre son collaborateur, après avoir eu soin de lui faire passer la même frontière que Lanessan avait déjà ouverte à l'espion anglais Jude Philipp. Les juges correctionnels ont dès maintenant reçu l'ordre de borner leur sévérité à cinquante francs d'amende, que le compagnon qui en sera frappé ne payera pas plus que Sébastien Faure n'a purgé sa peine de quatre mois de prison.

Ce voyage prémédité du czar à Paris, que les feuilles gouvernementales essayent de nous présenter comme « inattendu », selon l'expression du Borusse André, nous en avions, depuis huit jours, l'absolue certitude, et Waldeck-Tailhade l'avait comme nous, bien qu'il le fît quotidiennement démentir par les journalistes à sa solde.

En effet, la journée du 20 ne comportait aucun programme. Un grand déjeuner avait, pour cette date, été « éventuellement » commandé chez Chevet par le maître d'hôtel de l'Elysée ; et ce qui corroborait toutes nos affirmations, c'est l'ordre donné par

la préfecture aux ingénieurs de la Ville de terminer,
coûte que coûte, pour ce matin, les travaux de pavage
de la rue Lafayette que longera le cortège impérial.

Le *Temps*, avec sa bonne foi huguenote, donne ti-
midement la volée à ce petit canard :

« Vitry, 19 septembre.

» On assure que ce soir le président de la République invitera le czar à venir demain à Paris. »

Or, voilà plus d'une semaine que Nicolas II s'était,
sur l'invitation du président du Conseil municipal,
décidé à visiter la Ville. Que Loubet tienne à s'attribuer les bénéfices de cette marque de sympathie de
notre hôte à l'égard des Parisiens, nous n'en blâme-
rons que modérément ce président d'une république
qui l'a jusqu'à présent si médiocrement traité sous le
rapport de la popularité.

Mais si c'est seulement hier soir que Nicolas II a
été inopinément convié à un déjeuner à l'Elysée,
comment, depuis quatre jours, tout avait-il été préparé
pour l'y recevoir ?

Mme Loubet est cependant trop bonne ménagère
pour commander un repas qu'elle aurait supposé
devoir lui rester pour compte.

CHARLES ROGER (DANIEL CLOUTIER.)

L'*Intransigeant*, 20 et 21 septembre 1901.

ON DEMANDE UN RÉGICIDE

Dans un journal dont nous tairons le titre, un écrivain que nous refusons de nommer réclame l'assassinat du tsar et quelques autres meurtres :

« Quoi, parmi ces soldats illégalement retenus pour veiller sur la route où piaffe la couardise impériale, parmi ces gardes-barrières qui gagnent neuf francs tous les mois, parmi les chemineaux, les mendiants, les trimardeurs, les outlaws, ceux qui meurent de froid, sous les ponts, en hiver, d'insolation, en été, de faim toute la vie, il ne s'en trouvera pas un pour prendre son fusil, son tisonnier, pour arracher aux frênes des bois le gourdin préhistorique et, montant sur le marchepied des carrosses, pour frapper jusqu'à la mort, pour frapper au visage et pour frapper au cœur la canaille triomphante, tsar, président, ministres, officiers et les clergés infâmes, tous les exploiteurs qui rient de sa misère, vivent de sa moelle, courbent son échine et paient de vains mots sa tenace crédulité. La rue de la Ferronnerie est-elle à jamais barrée ? La semence des héros est-elle inféconde pour toujours ?

L'homme qui écrit ces lignes, aristocrate en tous ses goûts et le plus dédaigneux des humbles qu'ait engendré notre mandarinat intellectuel, est un poète dont la mésaventure fit, il y a cinq ou six ans, un beau bruit.

Tout en s'apitoyant sur les meurt-de-faim il dînait chez Foyot, lorsqu'une bombe, le balafrant en pleine figure, lui vint attester que « la semence des héros » germait encore.

Depuis, il n'en a pas moins continué son œuvre anarchique. Maniaque de l'invective, presque tous ses contemporains ont été insultés par lui. On en rit. L'on néglige des outrages trop prodigués. Mais, au point de vue de l'art on relit avec plaisir sa prose véhémente ou ses vers pleins et drus.

A ce coup, toutefois, trop de dilettantisme ne serait il pas périlleux ?

C'est une invitation formelle au régicide que l'on vient de lire. Le problème redoutable de la responsabilité encourue par l'écrivain, dans la propagande par le fait, s'est rarement posé avec autant de netteté.

En un article récent, Edouard Drumont reprochait à Yves Guyot d'avoir réclamé l'électrocution de la juive Emma Goldman, complice de Czolgosz.

Ce serait « un procès de tendances », s'écriait-il.

Et il condamnait « la théorie de l'inquisition qui traitait en criminels ceux qui pensaient mal ».

Dussé-je être baptisé inquisiteur, j'avoue que

« penser mal » me paraît, en effet, un crime lorsqu'il détermine à mal agir.

Laissons le cas d'Emma Goldman, encore incomplètement éclairci.

Mais si demain, un lecteur du journal anarchiste, un de ces soldats, de ces garde-barrières, de ces trimardeurs que voudrait susciter le poète de Foyot, venait à réaliser l'attentat dont le programme lui fut si précisément tracé, il y aurait donc « procès de tendances », c'est-à-dire, d'après vous, Drumont, monstrueuse injustice à demander compte du forfait à son inspirateur ?

Jamais, cependant, relation de cause à effet n'aurait été plus étroite. Le plus simple bon sens est, cette fois, d'accord avec la jurisprudence pour qualifier l'écrit précité. Non suivi d'effet, il constitue une provocation à l'assassinat, au cas contraire, une complicité.

On est confus d'avoir à énoncer de tels truismes. Telle est cependant la confusion logique des esprits, telle aussi l'effroyable prétention de l'orgueil intellectuel, que le barde anarchiste et l'écrivain de la *Libre Parole* ont pu se trouver d'accord dans la revendication du droit souverain de la pensée individuelle à justifier le meurtre. Je sais bien que Drumont, par une honnête inconséquence, ne tirera

point de sa doctrine tout l'odieux qui s'y trouve contenu. Mais il a tort, de par ses principes, — et c'est
l'autre qui sait raisonner.

L. NUMA BARAGNON.

Le Soleil, mercredi, 18 septembre.

MOUCHES DE SACRISTIE

Encore que parler de soi m'ait toujours paru d'un
goût exécrable, je voudrais relever, ici, un fait personnel qui ne va pas sans quelques enseignements
dont il me semble que tous doivent profiter.

J'ai, ces semaines dernières, proclamé à cette place
et dans une autre feuille le dégoût que m'inspirent,
ainsi qu'à la plupart des honnêtes gens, ces embras-
sades répugnantes de Nicolas II et du Social-Lucullus.

La presse nationaliste n'a pas bronché, d'abord
pour ne pas me faire une réclame dont je n'ai,
d'ailleurs, nul besoin, ensuite par sentiment de pudeur, je dirais même de loyauté professionnelle, ac-
colant, ô paradoxe ! le nom de Massard ou de Millevoye à ce vocable de loyauté.

Deux journaux seuls ont pris la peine de moucharder mon « papier » à la police. Ce sont le *Gaulois* et cet immondice de l'abbé Garnier. Le *Peuple français* (16 septembre) dit :

De même que les bandits d'Aubervillers et de l'église Saint Joseph, propagandistes par le fait, les conférenciers et les écrivains du parti anarchiste sont-ils donc assurés de l'impunité ? En vertu de quel pacte scandaleux ont-ils le droit de mettre en action ou d'exprimer leurs théories — les plus abominables qui soient — sans que s'émeuvent ceux dont le devoir serait de faire cesser cette propagande infâme ?

Non, Barrès, lui-même, en dépit de son incurable abjection, non, Charles Maurras, malgré son fiel de monstre, sa haine d'infirme envieux et purulent, n'auraient osé descendre à un tel degré d'infamie.

Barrès, quand on le traite de cocu, va sur le terrain. Il tremble, mais il se bat. C'est un reptile au sang visqueux et glacé, qui fuit, puis se redresse... et mord. Ce n'est pas un indicateur de la Tour pointue.

Il faut, pour cette honte, un juif renégat, un laveur de bidets comme Arthur Meyer ; il faut un drôle surtout, pris dans l'espèce la plus ignominieuse, j'ai nommé celle des prêtres catholiques.

Ces bardaches en cotillons, trafiquants du mensonge

et laboureurs de la sottise humaine, ces chiens de sacristie, ces amants de vespasiennes, qui n'oseraient affronter le regard d'un homme ; ces gredins que la peur des coups et la crainte des gifles gardent en leurs tanières, envisagent la délation comme une arme naturelle. Ne pouvant être les pourvoyeurs du bourreau, ils se font les chiens du commissaire. Ils sont, dans la hideuse société bourgeoise, la seule classe de bandits qui ne défère à aucune espèce d'honneur. Puisqu'ils portent un uniforme et que les lois défendent de les tirer comme des bêtes puantes, des bêtes nuisibles, qu'on ouvre sur eux les nocturnes tonneaux ; qu'on vide sur leurs têtes les vases innommables !

Mais ce serait calomnier l'ordure et souiller l'excrément que de les répandre sur la face ignoble, sur le vêtement carnavalesque de ces escrocs, près de qui les forçats, les cambrioleurs et les tantes sont des roses de délicatesse, des tulipes de vertu.

L. T.

La Raison, vendredi, 20 septembre 1901.

LE PROCÈS DU LIBERTAIRE

IXᵉ CHAMBRE CORRECTIONNELLE

Audience du 10 octobre 1901.

« Le Triomphe de la Domesticité » en correctionnelle

—

LE PROCÈS LAURENT TAILHADE

Poursuites contre le *Libertaire*. — Les lois scélérates. — Le droit d'écrire. — L'opinion d'Emile Zola. — Une lettre d'Anatole France. — Une condamnation inique.

Tu peux tuer cet homme avec tranquillité.

C'est pour avoir exprimé la même pensée que Victor Hugo, que notre ami et ancien collaborateur, Laurent Tailhade, comparaissait hier devant la neuvième chambre correctionnelle, à la requête du parquet mis en branle par notre gouvernement de défense républicaine.

Nous ne sommes plus sous l'Empire. Et depuis, Hugo ne fut jamais poursuivi. Hier, Laurent Tailhade, le poète superbe, a été condamné en vertu des lois scélérates.

Dans le *Libertaire* (numéro du 15 au 20 septembre), sous ce titre : « Le triomphe de la domesticité », Laurent Tailhade avait publié, à l'occasion de l'arrivée du tsar en France, un long article (il ne tenait pas moins de six colonnes) sur l'éternelle misère des humbles et l'éternelle jouissance des riches et des grands.

Le parquet s'en émut, et en détacha le passage suivant qu'il poursuivit :

« Quoi! Parmi ces soldats illégalement retenus pour veiller sur la route où piaffe la couardise impériale, parmi ces gardes-barrières qui gagnent neuf francs tous les mois, parmi les chemineaux, les mendiants, les outlaws, ceux qui meurent de froid en hiver, d'insolation en été, de faim toute la vie, il ne s'en trouvera pas un pour prendre son fusil, son tisonnier, pour arracher aux frênes des bois le gourdin préhistorique, montant sur le marchepied des carrosses, pour frapper jusqu'à la mort, pour frapper au visage et pour frapper au cœur la canaille triomphante, tsar, président, ministres, officiers et les

clergés infâmes, tous les exploiteurs qui rient de sa
misère, vivent de sa moelle, courbent son échine et
payent de vains mots sa tenace crédulité. La rue de
la Ferronnerie est-elle à jamais barrée ?

La semence des héros est-elle inféconde pour
toujours ? Le sublime Louvel, Caserio n'ont-ils plus
d'héritiers ? Les tueurs de rois sont-ils morts à leur
tour, ceux qui disaient avec Gérôme Olgiati, l'exécuteur de Galeas Sforza, qu'un trépas douloureux fait
la renommée éternelle ? Non, la conscience humaine
vit encore. »

Donc, Laurent Tailhade et Louis Grandidier, gérant
du *Libertaire*, avaient à répondre, hier, à l'inculpation « d'avoir, à l'aide d'imprimés vendus ou distri-
bués, mis en vente ou exposés dans les lieux publics,
en particulier dans le département de la Seine,
commis une provocation directe au crime de meurtre,
laquelle provocation, non suivie d'effet, avait pour
but un acte de propagande anarchiste, délit prévu
et puni par les articles 13, 16, 24, paragraphes
1, 42, 43, 49 de la loi du 29 juillet 1881 (modifié
par la loi du 12 décembre 1893), 59, 60 du Code
pénal, et 1 de la loi du 28 juillet 1894 ».

Ouf ! J'ai cru que jamais je n'en verrais la fin.

L'audience

Dès l'ouverture de l'audience, la salle est envahie par un nombreux public, et cependant les couloirs du Palais sont gardés. On s'entasse un peu partout. Le moindre recoin est utilisé.

Au moment où Laurent Tailhade fait son entrée suivi de Louis Grandidier, un grand nombre d'amis lui serrent la main au passage.

Laurent Tailhade répond à tous avec un sourire. Il semble qu'il vient là faire une conférence. Louis Grandidier, vêtu d'un complet de velours marron et coiffé d'un chapeau mou, l'air mâle, le menton volontaire, le regard droit, s'asseoit à côté de lui.

Sur les bancs des témoins Emile Zola, Gustave Kahn, Frantz Jourdain, Jean Grave, Liard-Courtois. Au fond de la salle, tout près de la porte, Gyp, de plus en plus jeunette, est juchée sur son tabouret.

Le tribunal est ainsi composé : M. Ducasse, président, MM. Roty et Bourdeaux, assesseurs. Le substitut Paclon occupe le siège du ministère public.

Mes Salmon et Merles sont assis au banc de la défense.

Après avoir fait l'appel des témoins, le président procède à l'interrogatoire. Il commence par déclarer qu'il vient de recevoir une lettre de M. José-Maria de Heredia l'informant que ce témoin cité par la défense était souffrant et dans l'impossibilité de se présenter.

— Je donnerai, dit-il, lecture de cette lettre tout à l'heure.

M° Salmon, avocat de Laurent Tailhade. — M. Anatole France vient de m'adresser une dépêche dans laquelle il affirme sa sympathie pour M. Laurent Tailhade.

M° Merles, avocat de Louis Grandidier. — Sébastien Faure ne peut venir. Il vient d'adresser une lettre à mon client dans laquelle il déclare l'entourer de toutes ses sympathies.

Les interrogatoires

Conformément à la loi, le gérant du journal étant considéré comme l'auteur principal du délit, le président commence par l'interrogatoire de Louis Grandidier, qui déclare avoir déjà été condamné trois fois :

Le Président. — Vous êtes poursuivi pour excitation au meurtre, et votre qualité de gérant du *Liber-*

taire veut que vous soyez considéré comme l'auteur principal du délit relevé contre vous par le parquet. Aviez-vous lu, avant de le livrer aux compositeurs, l'article de M. Laurent Tailhade ?

Louis Grandidier — Oui. Cela était mon devoir.

D. — Le parquet, je vous le répète, a vu dan cet article une provocation directe au meurtre.

R. — Je le sais. L'article m'a plu, mais, ne m'eût-il pas plu, que rien ne m'autorisait à empêcher mon ami Laurent Tailhade d'exprimer librement, comme il a l'habitude de le faire, toute sa pensée. Au surplus, la pensée qu'il a exprimée se trouve si parfaitement d'accord avec la mienne que j'ai été doublement heureux de recevoir l'article et de le faire passer.

D. — Et tout cela, dans un but de propagande anarchiste ?

R. — Ma foi, monsieur le président, je voudrais bien savoir ce que vous entendez par « propagande anarchiste ». Savez-vous que ce n'est pas très commode à définir, cela, la propagande anarchiste ? Moi, j'ai essayé, je n'ai pas pu.

D. — Y a-t-il longtemps que vous êtes gérant du *Libertaire* ?

R. — Depuis trois ans environ. Mais revenons à l'article de mon ami Laurent Tailhade. Si vous aviez été à ma place, monsieur le président, si vous aviez été gérant du *Libertaire*, vous auriez, j'en suis sûr, laissé passer l'article de Laurent Tailhade. (Rires).

Le Président. — Oui, mais n'étant pas anarchiste, je n'aurais jamais pu être le gérant du *Libertaire*.

C'est le tour de Laurent Tailhade maintenant. Il
commence par déclarer qu'il est homme de lettres
et âgé de quarante-sept ans :

D. — Votre casier judiciaire est blanc ?

R. — J'ai eu de nombreuses condamnations profes-
sionnelles pour diffamation, condamnations couvertes
par la dernière amnistie.

D. — Aujourd'hui, vous êtes poursuivi pour provocation directe au meurtre dans un but anarchiste.

R. — Je ne l'ignore point. Il est assez malaisé
de définir ce que l'on entend par « propagande anarchiste » dès que l'on sort du « fait » proprement dit
pour entrer dans le domaine des idées. Ecrivain,
j'estime que j'ai le droit de développer ma pensée,
la menant aux dernières conséquences. Historien, le
devoir m'incombe de juger les faits contemporains
et de passionner l'histoire. J'ai usé du droit, accompli
le devoir. Au surplus, j'accepte la responsabilité de
mon acte : je m'en fais honneur et gloire. Si demain
l'occasion se présentait de stigmatiser de nouveau la
bassesse publique, j'écrirais les mêmes choses. Simplement, je m'efforcerai de trouver, pour la beauté,
des formules nouvelles ! Mais je garderais une conception identique sans rien fléchir ni atténuer.

D. — Au point de vue littéraire, votre article est
très beau, je ne le conteste pas ; mais, d'après le
ministère public, il constitue une provocation au
meurtre. Tenez, le voici :

Le Président lit le passage incriminé.

Laurent Tailhade. — J'accepte toutes les conséquences de mon article.

D. — Il y a longtemps que vous écrivez dans les
journaux anarchistes ?

R. — Il y a dix ans. Oui, cela doit remonter à dix
ans environ. C'était au moment où Sébastien Faure
était à la tête du premier *Libertaire*.

L'interrogatoire est terminé. Laurent Tailhade
s'incline légèrement et s'assied.

Les témoins

On entend d'abord M. Georges Yvetot, qui déclare
que, à son sens, « l'article de Laurent Tailhade ne
constitue pas plus une excitation au meurtre que la
vue d'un bataillon qui passe dans la rue, baïonnette
au canon ».

— J'ai lu, conclut-il, des choses beaucoup plus
violentes sous la signature d'Henri Rochefort et
dans un placard d'Alphonse Humbert. J'étais, au
surplus, de leur avis.

Voici maintenant Liard-Courtois, une des premières victimes des lois scélérates, que la presse

a pu enfin arracher au bagne il y a dix-huit mois. Il refuse de prêter serment.

Le Président. — Allez vous asseoir si vous ne voulez pas prêter serment.

Liard-Courtois — Pardon. Non seulement le geste que vous me demandez de faire est contraire à mes principes, mais il est aussi contraire à la loi. J'ai été moi-même condamné en vertu de la loi que vous invoquez aujourd'hui . J'arrive du bagne il y a dix-huit mois...

Le Président. — Vous ne déposerez pas si vous ne voulez pas prêter serment.

Devant cet entêtement du président le témoin lève la main et prête serment.

Le Président. — Faites votre déposition.

Le témoin. — J'appartiens au *Libertaire*. Tous les manuscrits qui nous parviennent sont lus par l'administration. L'article de Laurent Tailhade n'est pas poursuivable à mon avis. Il y a des articles du marquis Henri de Rochefort de 1896 beaucoup plus violents.

Me Merles. — Les épithètes de : « Mort aux juifs ! » ne sont-elles pas des excitations plus directes au meurtre que l'article de Laurent Tailhade ?

Le témoin. — Evidemment, et je n'ai pas été scandalisé par l'article de Laurent Tailhade.

Le Président. — Vous faites partie de l'anarchie intellectuelle, mais les chemineaux ne peuvent-ils se laisser impressionner par la lecture d'un pareil article

Le témoin. — Leur mentalité n'est pas faite.

Le président. — Les anarchistes intellectuels ne prêchent pas d'exemple.

Le témoin (ironiquement). — Est-ce que vous nous y invitez, monsieur le président?

La voilà bien l'excitation au meurtre !

Ecoutons maintenant Jean Grave :

— Je pense, dit-il, que Laurent Tailhade a dit la vérité. Je pense que les mesures prises par le gouvernement étaient plus susceptibles d'exciter que l'article du *Libertaire*. Le gouvernement ne poursuit que ce qui est contre lui et tolère ce qui est pour lui.

C'est maintenant le tour de l'auteur de *Travail*, de *Fécondité*, de *Germinal*, l'auteur enfin de « J'accuse », cette bombe qui éclata, le 13 janvier 1898, sous les pas de l'Etat-Major des faussaires, des Boisdeffre, des Pellieux, des Roget, des Gonse et des Esterhazy.

Emile Zola

Au moment où Emile Zola entre dans la salle, tous les regards se tournent vers lui. L'auteur de *Paris* s'avance lentement jusqu'à la barre, décline ses noms et qualités : — Emile Zola, soixante et un ans, homme de lettres — prête serment et s'exprime ainsi :

— J'ai une grande amitié pour Laurent Tailhade, et je viens lui apporter à cette barre l'expression très sincère de ma profonde affection et le juste tribut de mon admiration littéraire.

Laurent Tailhade est un écrivain du plus grand mérite qui fait honneur à la littérature française.

J'ai lu l'article qui lui vaut l'honneur d'être poursuivi. Il est conçu en termes qu'on peut considérer comme violents, mais il importe de le lire en son entier, et il doit tout son effet à la littérature.

Il ne faut pas oublier, en effet, que Laurent Tailhade est, avant tout, un poète au style vibrant et plein d'images, et que c'est ainsi que son article a pu soulever chez quelques-uns certaines craintes.

Dans des journaux que je n'hésite pas à qualifier de « journaux d'empoisonnement social » on dit des choses bien pires tous les jours, mais cela ne frappe pas, ne porte pas, parce que c'est mal dit, on n'en prend pas ombrage parce qu'il n'y a pas le prestige du style, on ne dit rien et on passe.

L'article de Laurent Tailhade a été poursuivi parce que c'est un article de haute littérature, avec des images qui ont impressionné. Lorsqu'on écrit un livre qui vibre, le parquet s'émeut. C'est ainsi que Flaubert a été poursuivi.

Sur une question de Mᵉ Albert Salmon, Emile Zola ajoute :

Vous me demandez si les articles de Laurent Tailhade sont dangereux à cause de l'influence qu'ils peuvent exercer sur les masses ? Oui, Laurent Tailhade va courageusement au peuple, mais je ne crois pas qu'il soit bien compris de ce même peuple, car on a besoin de faire l'éducation de celui-là ! A la vérité, Laurent Tailhade n'écrit encore que pour les lettrés.

Et, tranquillement, Emile Zola regagne son banc.

La lettre d'Anatole France

A côté de cette déposition plaçons par anticipation — car ce document ne fut lu qu'à la fin de l'audience — la lettre d'Anatole France.

Cité comme témoin, le père de M. Bergeret, qui se trouve présentement à Caprais, dans la Gironde, n'a pu se présenter à l'audience ; il s'en est excusé en ces termes dans une lettre adressée à Laurent Tailhade :

Caprais (Gironde), 9 octobre 1901.

Cher ami,

Pour le cas où l'affaire ne serait pas remise, j'envoie à Mᵉ Albert Salmon ma déposition écrite dont voici copie :

Mon confrère et ami Laurent Tailhade est un poète savant, un de nos plus habiles écrivains. Par son caractère il honore grandement son pays.

« Je n'ai pas lu l'article incriminé, mais il m'est impossible de croire que Laurent Tailhade ne s'y soit pas montré ce qu'il est, un homme sincère et généreux.

« J'avoue, d'ailleurs, que je ne comprends pas bien un délit de parole dans un peuple libre. C'est une grande entreprise, en France, que de mettre la pensée à l'amende et les doctrines en prison.

« Mes meilleures amitiés.

                                « ANATOLE FRANCE. »

« *P. S.* J'apprends, ce matin seulement, que vous m'avez fait et l'honneur et l'amitié de me citer. Je vous en remercie.

La lecture de cette lettre a produit une vive impression.

M. Ledrain

Voici maintenant M. Eugène Ledrain. Il a cinquante-sept ans, il est conservateur au musée du Louvre. Lui aussi, il a tenu à venir dire ce qu'il pense de Laurent Tailhade.

Je puis d'autant mieux parler de Laurent Tailhade, dit-il, que j'ai écrit une préface pour un de ses livres, *Terre Latine*.

Laurent Tailhade est un latiniste distingué et il connaît à fond la langue du xvi° siècle. C'est grâce à cela qu'il a pu se former un style particulier, extrêmement savoureux, peu compréhensible pour le vulgaire, mais très apprécié des lettrés, qui ont tous une profonde admiration pour son grand talent.

M. Frantz Jourdain

M. Frantz Jourdain est architecte. Il déclare, comme tous les témoins précédents, qu'on ne saurait trop admirer l'œuvre littéraire de Laurent Tailhade, et il ajoute :

Au point de vue de la propagande même, je crois que les articles de Laurent Tailhade sont sans portée sur la foule. Jamais un lecteur du *Petit Journal* ne le lira. Laurent Tailhade n'écrit et n'est compréhensible que pour un très petit nombre de lettrés.

Le substitut. — Auriez-vous signé l'article incriminé ?

Le témoin. — Pardon. Je ne m'appelle point Laurent Tailhade. Je ne suis point poète. Je suis architecte. Je m'appelle Frantz Jourdain, et je n'ai malheureusement pas le beau talent de l'auteur de l'article incriminé.

Devant cette spirituelle réplique, M. le substitut n'insiste pas, et on appelle les témoins suivants.

La doctrine du régicide

C'est d'abord M. de Boisjoslin, directeur honoraire au ministère de la marine, qui a été le maître et l'éducateur de Laurent Tailhade :

Je suis heureux d'apporter à Laurent Tailhade le témoignage d'un ami personnel, ami depuis dix-huit ans. Je fus, cette année même, témoin de son mariage. J'ai toujours éprouvé la sûreté de son commerce, la droiture de ses sentiments, reconnu chez lui une sensibilité toute particulière.

Je le connus tout d'abord grand poète et rien que grand poète. Il était à prévoir que s'il abordait la politique militante, il y resterait poète et même littérateur, et **qu'il y porterait la méthode du littérateur**; je parle de la méthode.[1]

Il était cependant né et doué pour l'histoire, par sa compréhension si vive des formes et des couleurs du passé ; — à condition de n'en pas appliquer les formules au présent, car il n'y a pas deux cas semblables.

C'est la méthode du littérateur qui est visible dans

la doctrine incriminée. Les lettrés y reconnaissent la doctrine du régicide, telle qu'elle traversa l'antiquité classique, et, de là vint, par la Renaissance, aux jésuites, aux protestants, à Milton, telle qu'elle se retrouve, avec plus ou moins d'adhésion, chez des auteurs plus calmes, dans les tragédies romaines de Corneille et de Voltaire, chez Montesquieu, et même chez Joseph de Maistre qui, à Saint-Pétersbourg, parlait sans retenue du « grand remède asiatique ».

Est-il vraisemblable que Laurent Tailhade ait pu croire un instant que son article susciterait un régicide ? Une telle illusion aurait été bien vite démentie par les faits, heureusement, et aussi par l'état présent des esprits, en France. Qu'il sorte indemne de ce procès, c'est le vœu des amis de sa renommée, inscrite au tout premier rang dans l'histoire de la poésie française.

Après avoir entendu M. Gustave Kahn, qui apporte à l'auteur du *Jardin des Rêves* le tribut de son admiration, Mᵉ Salmon donne lecture d'une lettre de Sébastien Faure et s'excuse de ne pouvoir lire celle d'Octave Mirbeau, qui lui est annoncée, mais ne lui est pas parvenue.

Lyon, le 9 Octobre 1901.

« Cher maitre,

« J'aurais voulu pouvoir répondre à la citation qui m'a été adressée. Mes occupations ne me laissent pas le loisir de quitter Lyon en ce moment.

« Je tiens néanmoins à ce que mon témoignage, de si peu de valeur qu'il soit, ne fasse pas défaut à mes amis Louis Grandidier et Laurent Tailhade.

« J'y tiens d'autant plus que, lorsque, il y a sept ans, je fondai le *Libertaire*, Laurent Tailhade et Grandidier furent de ceux qui, dès le premier jour, apportèrent à ce journal le concours de leur talent et de leurs convictions.

« J'y tiens encore parce que, en toutes circonstances — et notre *Libertaire* a connu les jours de persécution et de difficultés — Grandidier et Laurent Tailhade lui furent constamment fidèles et dévoués. Cette fidélité en dit long sur le caractère et la haute moralité de ces deux hommes qui, sachant bien que le *Libertaire* serait toujours trop pauvre pour leur offrir la moindre rétribution, n'ignoraient pas qu'ils n'avaient à attendre de leur collaboration à cet organe de philosophie et de propagande libertaires, que des responsabilités dangereuses.

« Des voix plus autorisées que la mienne : celle
des Emile Zola, des Anatole France, des Octave Mirbeau diront, mon cher Laurent Tailhade, quel incomparable artiste vous êtes. Elles affirmeront que
nul écrivain ne professe et ne pratique plus et mieux
que vous le respect de sa plume. Elles exprimeront
le sentiment de haute admiration et de sympathie
profonde qu'éprouve pour vous tout homme qui con-
sidère que rien n'est plus à admirer et à aimer qu'une
forme impeccable au service d'une pensée robuste.

« Mon témoignage ne peut porter que sur la noblesse de votre caractère, le chevaleresque de votre
tempérament et l'indépendance de votre esprit.

« Ce témoignage, ces Messieurs qui ont la tâche dé-
licate de vous juger le trouveront ici sincère et ardent.

« Quant à toi, mon cher Grandidier, tout ce que je
pourrais dire de ta délicatesse, de ta sensibilité de ta
douceur, de ta bonté, de la fermeté de tes convictions, de l'amitié que, depuis de longues années, je te
porte, serait bien au-dessous de la vérité et de ce
que je ressens.

« Je t'ai connu sans culture, sans instruction. Aujourd'hui ta prose et tes vers ne sont pas à dédaigner.
Tu es resté l'homme du peuple, simple, bon, franc,
généreux. Et, tandis que, le plus souvent, le gérant
d'un journal n'est qu'un employé, endossant des responsabilités qu'il serait enchanté de pouvoir répudier,
toi, sans aucun profit, par pure conviction, tu es
heureux d'assumer celles que font encourir au gérant
du *Libertaire* les théories audacieuses, les concep-

tions hardies des hommes de cœur qui, avec toi, y
écrivent.

« Je m'arrête, le tribunal pourrait estimer que
j'abuse.

« En terminant, je déclare hautement que, quel
que soit le jugement rendu, tous ceux qui les connaissent garderont à Louis Grandidier et à Laurent
Tailhade leur sympathie, leur estime, leur affection,
et que cet attachement et cette considération grandi-
raient en raison directe de la condamnation qui les
frapperait.

« SÉBASTIEN FAURE. »

Puis, M. le substitut Pacton prend la parole.

Réquisitoire et plaidoiries

Lui aussi, nous dit-il, admire le talent de Laurent Tailhade, mais plus il l'admire et plus il se croit
autorisé à demander une sévère application de la loi.

Il rappelle les fêtes de Compiègne au moment des-
quelles l'article fut publié,.il dit qu'en répandant cet
article dans le vulgaire, Laurent Tailhade a violé les
lois de l'hospitalité et de l'honneur national.

Il termine, après avoir commenté et expliqué la loi
de 1894 sur les menées anarchistes, en disant que
l'article de Laurent Tailhade est odieux parce qu'il
constitue une véritable excitation au meurtre et il

reproche à son auteur de ne pas « opérer » lui-même.

Louis Grandidier, termine-t-il, n'a pas montré plus de courage. Lui non plus il n'est pas de la graine des héros. Lui non plus il n'a pas pris son fusil, son tisonnier, il n'a pas arraché aux frênes du bois le gourdin préhistorique pour frapper au visage, frapper au cœur la canaille triomphante...

Donc, il faut condamner. Je plains fort M. Pacton. Si jamais il prenait maintenant fantaisie à Louis Grandidier ou à Laurent Tailhade de commettre demain un attentat, on pourrait, reprenant son réquisitoire, lui demander — à lui — des comptes.

Heureusement pour lui, ses adversaires de l'autre côté de la barre se sont plu surtout à faire de la littérature.

Au lieu de prendre corps à corps l'accusation, de faire le procès des lois scélérates, d'en montrer toute l'ignominie, toute la lâcheté, ils se sont laissés aller aux belles périodes dont voici un échantillon.

C'est la péroraison de Mᵉ Salmon :

« Et enfin, messieurs, puisqu'il s'agit d'un ouvrier de lettres, d'un artiste authentique, d'un vrai poète et non pas seulement du satirique célèbre mais du lyrique parfait qui composa le *Jardin des Rêves*, le *Dizain des Sonnets*, *Vitraux*, poèmes splendides, où, selon Théodore de Banville, « l'harmonie, la grâce du paysage, le charme virgilien, loin de nuire

à l'originalité de l'auteur, y ajoutent encore », vous
penserez, sans doute, que l'art a son prix, qu'un beau
livre peut racheter amplement une phrase et vous
laisserez à Laurent Tailhade la paix studieuse, les loi-
sirs sévères dont il a besoin pour nous donner cette
œuvre définitive que nous attendons tous de lui et où
les qualités de verve et de style, de mâle rudesse et de
grâce légère se retrouveront épanouies et harmonisées.
J'ose dire, Messieurs, que toutes les personnes de
goût, que tous les dévots... de la langue française
*applaudiront à votre sévérité si, comme je l'espère
bien, en ne ravissant que modérément la liberté à
Laurent Tailhade, vous condamniez ainsi mon
client à un chef-d'œuvre. »*

Malgré tous les efforts que fit ensuite Mᵉ Merles,
en appelant utilement à la rescousse Victor Hugo et
Henri Heine, en citant des discours de M. Brisson et
du socialiste Millerand, le tribunal a donné satisfac-
tion à Mᵉ Salmon.

Il a condamné. Il a mis, suivant l'expression
d'Anatole France, « la pensée à l'amende et les doctrines en prison ». Et cette condamnation est inique.

Le jugement

A trois heures, après une suspension qui n'a pas
duré moins d'une heure, le tribunal reprend l'audience pour prononcer le jugement.

Laurent Tailhade est condamné à un an de prison et mille francs d'amende.

Louis Grandidier à six mois de prison et cent francs d'amende.

A peine la lecture du jugement est terminée que du fond de la salle partent des cris nourris de : Vive Tailhade ! Vive Tailhade !

En moins de temps qu'il n'en faut pour l'écrire, c'est un tumulte épouvantable.

Debout sur le banc même où il était assis pendant les débats Laurent Tailhade agite son chapeau et crie :

— C'est de la bonne semence ! Elle germera. Vive la Sociale! Vive la Révolution !

Pendant ce temps la foule continue à vociférer. On entend de tous côtés crier : Vive la Sociale ! Vive Laurent Tailhade ! Vive la liberté ! A bas les tyrans ! Vive l'Anarchie !

Le substitut est debout, prêt à prendre des réquisitions. Le tribunal est debout également. Mais l'intensité de la manifestation est telle qu'il est inutile de penser à la maîtriser, et le président se contente de dire avant de se retirer au milieu du brouhaha général : « Nous allons suspendre l'audience. Gardes, faites évacuer la salle. »

La sortie

Peu à peu, la foule sort et se répand dans les cou
loirs. Elle est loin d'être apaisée encore. De tous
côtés montent des cris : Vive la Sociale ! Vive Laurent Tailhade !

Cependant Laurent Tailhade gagne avec Emile Zola
la cour de Mai.

Ils y retrouvent un nouveau groupe de manifestants
qui crient : Vive Zola ! Vive Tailhade ! et tandis que
le grand romancier gagne sa voiture, Laurent Tailhade par vient enfin à s'éclipser pour aller signer
au greffe son recours en appel.

G. Lhermitte.

L'Aurore, vendredi, 11 oct. 1901.

*
* *

« Mon cher Vaughan,

« Souffrez que j'entretienne les lecteurs de l'*Aurore*
d'une conjoncture absolument privée, mais, dont la
crapule nationaliste ne manquerait pas de tirer, dès
demain, de messéantes inductions. Ma femme, grosse
de huit mois, va faire ses couches près de sa tante,
Mme E. de Colnet, qui réside tantôt à Iré-les-Prés
(Montmédy), tantôt à Bruxelles, pendant la saison

d'hiver. Il m'a semblé, en effet, indispensable de
conduire Mme Laurent Tailhade hors de France, le
plus loin possible des bandes à Puibaraud, qui ne se
pardonneraient point de rater cette occasion idoine
à terrroriser une honnête femme dont le mari est
en prison. Je me trouve dans l'obligation, pour
assurer la vie de ma femme et celle de l'enfant qui
va naître, d'interposer momentanément la frontière
belge entre la prison et moi. Seulement, je ne donnerai pas aux espèces qui pourraient feindre de
croire que je me dérobe à la peine scélérate édictée
par la neuvième chambre, le contentement de
narrer cette bourde à leur public. En arrivant à
Bruxelles, j'écrirai au procureur général, pour lui
faire connaître le but de mon voyage, ainsi que
mon adresse, et l'aviser que je me tiendrai à sa disposition dès que ma femme sera confiée à des mains
probes et sûres. Mon fils — si c'en est un — naîtra
sur la terre belge, tout comme M. Paul Deschanel ;
seulement, je vous prie de croire que je m'efforcerai de l'empêcher d'aussi mal tourner. On doit
augurer que le respect dû aux femmes enceintes,
dont les seuls prêtres catholiques et les sagouins de
l'antisémitisme sont exempts, conseillera le magistrat de la République. Je ne compte, d'ailleurs, lui
demander d'autres délais que ceux qu'il faut pour
installer ma jeune malade, évitant qu'elle ne paye de
sa vie l'application, à moi faite, des lois scélérates.

« Laurent Tailhade. »

L'*Aurore*, lundi 21 oct. 1901.

INTERVIEW DE M. RENE HENRY

Un scrupule discret empêche de réunir, dans le présent volume, ces nobles témoignages qu'apportèrent aux condamnés de la neuvième Chambre leurs maîtres et leurs amis. De même, on n'a pas cru indispensable de colliger les gringuenaudes sécrétées dans les papiers cléricaux, natio nalistes ou ministériels.

Mais il a paru joyeux de préconiser le dialogue que voici.

Le catholique belge, en effet, constitue à lui seul une espèce zoologique infiniment plus biscornue et divertissante que l'ornithorynque, le verpertillon, la mangouste, le paradoxure et le tamanoir.

Il convient toutefois de signaler, dans le factum de M. René Henry, une bévue intentionnelle que peut faire absoudre la rayonnante duplicité qui caractérise le « Petit belge », — rédacteur et journal.

M. Laurent Tailhade n'a pas été reconduit à la frontière française, ni mis en demeure par le gouvernement de la chose Van den Heuvel de réintégrer la geôle édictée par les Philocléon parisiens. Ayant le choix entre les portes ouvertes : duché de Luxembourg, Hollande et France ; il a, de son plein gré, choisi la route qui lui convenait le mieux.

UN « APÔTRE » DU RÉGICIDE

Entretien avec M. Laurent Tailhade.

On sait que M. Laurent Tailhade a été condamné à
un an de prison par la 9ᵉ Chambre correctionnelle de
Paris pour avoir écrit dans le *Libertaire* : « Il ne s'en
trouvera pas un pour prendre son fusil, son tisonnier,
pour arracher aux frênes des bois le gourdin préhistorique, et, montant sur le marchepied des carrosses,
pour frapper jusqu'à la mort pour frapper au visage, et
pour frapper au cœur la canaille triomphante : tsar,
président, ministres, officiers et les clergés infâmes... »
Des dépêches de Paris ont appris à nos lecteurs que
l'auteur de ces lignes se rendait en Belgique afin d'installer ici sa femme qui est près de devenir mère, et
que le condamné se mettrait ensuite à la disposition
de la justice française.

Après quelques recherches, nous découvrîmes, mercredi, la retraite de Laurent Tailhade : un hôtel de la
rue de la Fourche. L'écrivain nous accueillit aimable-
ment, et nous sortîmes sur les boulevards.

— Je suis arrivé dimanche dans la nuit, nous dit
notre compagnon : j'ai été souffrant lundi et hier...

Nous complétons la présentation en faisant remar-
quer que nous sommes « clérical » ; l'anarchiste nous
atteste qu'il trouve cela bizarre, au début du xxᵉ siècle.
Et, arrivés devant la Bourse, nous nous attablons à
une terrasse de café. Laurent Tailhade paraît un peu
vieilli depuis le jour où nous l'aperçûmes, à Paris :

ses cheveux sont tout blancs, sa barbiche grisonne, —
mais ses yeux ont gardé leur grande douceur, la douceur
spéciale et caractéristique des yeux d'anarchistes prê-
cheurs de meurtres. Il conserve à la joue une cica-
trice profonde, souvenir après la lettre de sa phrase
fameuse : « Qu'importe, si le geste est beau ! »

— Vous demeurez longtemps ici ?

— J'écrirai demain au procureur général, afin de
lui faire connaitre que je me tiendrai bientôt à sa disposition. Mais j'espère bien qu'il m'accordera un délai
assez long, jusqu'aux relevailles de ma femme, que
j'accompagne ici Je me mettrai en rapport avec Re-
clus, Vandervelde, Furnémont, et je donnerai à
Bruxelles quelques conférences littéraires.

On sait que des écrivains portant les noms les plus
estimés de la littérature française ont cru devoir, lors
du récent procès Laurent Tailhade, exprimer leur admiration pour le poète anarchiste et excuser, en se plaçant
au point de vue art, les atroces théories du prévenu.

Nous n'avons pu résister au désir de faire parler
M. Laurent Tailhade, en le prévenant d'ailleurs qu'un
abime nous sépare ; notre but était de nous rendre
compte par nous-même de la violence feinte ou affectée
du condamné de Paris et de nous faire une opinion sur
l'indulgence dont il a été l'objet de la part d'écrivains
illustres.

Il est tout à fait en dehors des usages d'apprécier dans
une interview le langage de la personne qu'on interroge.
Nous nous bornons à relater les choses que nous avons
entendues et dont nos oreilles bourdonnent encore.
C'est à nos lecteurs de juger les déclarations anarchiques que nous fait M. Laurent Tailhade, de son organe doux et prenant, plus effrayant dans l'espèce que
ne le seraient les éclats de voix :

— Vous expliquer, nous dit-il, pourquoi je proclame
juste le régicide, ou plutôt le « tyrannicide », que
toute notre éducation classique a exalté à nos yeux ?
Parce que je veux la destruction de tous les oppresseurs, de tous les exploiteurs, capitalistes, grands
banquiers, gouvernants quels qu'ils soient, la destruction de l'homme représentatif de la force ou de
l'argent. Les souverains furent jugés par le conven-
tionnel Grégoire : « Les rois sont dans l'ordre politique ce que sont les monstres dans l'ordre naturel ; nous avons non seulement le droit, mais le devoir de les écraser. » Ils représentent un système
d'oppression, d'accaparement, l'esclavage d'une race
au profit d'un seul ou de quelques-uns. Il est monstrueux qu'un homme, dans une société civilisée, ait
droit à une plus grande part de jouissances de bonté,
de beauté de liberté qu'un autre homme. La nourriture
est commune à l'humanité entière comme le soleil. Et
comme toutes les activités intellectuelles se déduisent
de la nourriture, il faut admettre que le partage équi-
table de la terre et du travail humain donnera vir-
tuellement la même compréhension d'activité céré-
brale à tous les hommes. Le corps social — si vous
voulez bien me permettre d'emprunter cette méta-
phore au vocabulaire de M. Prud'homme — est frappé
de maladie par tous les détenteurs de l'autorité, car,
je le répète, le prêtre, le capitaliste, le soldat sont
aussi criminels dans l'exercice de leur part de tyrannie
que le tyran synthétique vêtu du manteau royal et
portant le sceptre en main. S'il faut, pour faire ablation de la tumeur ou du cancer, appliquer le fer du
chirurgien, nul ne saurait sans bêtise ou sans mauvaise foi refuser le chirurgien.

— Que ce soit là une opération chirurgicale, comme
vous le dites, ou un meurtre, comme je le pense, la
mort d'un de ceux que vous nommez les « tyrans »
peut-elle faire quelque bien à votre cause ?

— Oui, par l'exemple... La mort de César, il est
vrai, n'a pas empêché Auguste et celle de Néron, Caracalla. Lorenzaccio n'a fait de bien qu'à Cosme de Médicis. Mais le geste de ceux qui ont eu le courage de
tuer a révélé à leurs contemporains aussi bien qu'aux
générations suivantes que tous les hommes n'étaient
pas descendus au niveau de la bassesse publique. Leur
geste fut efficace ; de nos jours, les anarchistes ne
forment-ils pas une légion sacrée? Ils représentent
les consciences qui ne transigent pas, ils sont le dernier boulevard de la conscience humaine, comme au
xvie siècle les réformés, au xviie, les jansénistes et les
proscrits de 1685, au xviiie le groupe des philosophes,
sous la Révolution, les Hébertistes...

Nous interrompîmes notre véhément interlocuteur :

— Vous ne pensez pas, comme M. le substitut
Pacton, que ce que vous avez fait soit un acte dépourvu
de bravoure, et que le fait d'exciter un autre au meurtre, quand on pourrait tuer soi-même, est indigne
d'un homme de cœur ?

M. Laurent Tailhade sourit :

— C'est là une plaisanterie bonne à dire à l'audience, lorsqu'on est un magistrat frais émoulu de sa
province, et qu'on a, d'ailleurs, l'honneur d'être « idiot
par la tête »...

Nous saluâmes.

— ... ce qui se trouve le cas de mes accusateurs.
Voyons ! Si, pendant le séjour du tsar en France, une
mouche de police envoyée par ses chefs, ou bien un fol

comme Salsou, ou un enfant comme Sipido eût tiré
sur l'autocrate russe, ce n'était plus sous l'inculpation
de provocation au meurtre que j'eusse été poursuivi,
mais pour complicité d'assassinat ; donc, a dire toute
ma pensée, je risquais — surtout avec le jury nationaliste de Paris — peut-être la guillotine, à coup sûr
le bagne à perpétuité : une bagatelle ! Pour bien
moins que cela, Cyvoct fut condamné à dix ans
de travaux forcés : il n'était que simple gérant d'une
gazette lyonnaise et sans doute n'avait pas connaissance de l'entrefilet auquel les événements du théâtre
Bellecour donnèrent un tragique retentissement.

— Vous avez pourtant d'autres moyens d'action que
l'assassinat ?

— L'assassinat est le moyen chirurgical à employer
dans les cas désespérés... Si je n'ai pu, par mon article, débarrasser la Russie du tyran de la Finlande,
au moins ai-je dégoûté la France des mascarades
franco-russes. C'est déjà faire acte de vertu civique. Je
n'ai, du reste, pas été longtemps à attendre ma récompense : les laquais de la neuvième chambre m'ont oc-
troyé un an de prison. Si les garçons de police, les gui-
chetiers et autres maroufles me contraignent à porter la
casaque des condamnés pour délits de droit commun,
cette livrée de prisonnier me vêtira d'une gloire que
ne récèle aucune des ferblanteries de Millerand. Il
est assez divertissant de voir un ministère quelque
peu socialiste recommencer à l'encontre d'un écrivain
français les sévices dont le gouvernement autrichien
se rendit coupable envers Silvio Pellico, Alexandre An-
driane et leurs amis, de trouver au bord de la Seine
la « Maison des Morts » de Dostoiewski. Je n'aurai pas
la résignation des premiers, je n'écrirai pas — alors

même que j'en eusse le pouvoir — un livre plein de
sérénité comme l'autobiographie du conteur russe.
Je n'abdique nulle révolte, nulle colère, nulle détestation du monde capitaliste et bourgeois : Dans la
cellule du condamné, je cuirai ma haine comme Lo-
custe faisait recuire son poison, pour pouvoir entonner
quand viendra l'heure, aux exécrables pignoufs qui
salissent la lumière du soleil.

— Mais dites-moi donc pourquoi vous vous soumet-
tez à cette peine que vous jugez inique ?

— Je désire faire de la prison de droit commun.
Il faut quelqu'un se dévoue, qu'un exemple mette en
lumière l'exécrable scélératesse des lois qui m'ont
frappé et si, grâce à quelques saisons de peine, de solitude et même de douleur, je peux sauver mes frères
d'armes amis et ennemis — je n'excepte pas ces ca-
nailles de Barrès et de Mauras — d'une pareille abomination, si, grâce à moi, l'on n'ose condamner en
1911, un libre écrivain qu'à défaut de talent, pro-
tège la dignité de sa vie, j'estime que j'aurai rendu
à la liberté de penser et d'écrire un service qui d'ores
et déjà m'indemnisera de mon année de prison.

Survint la toute jeune et très élégante Mme Laurent
Tailhade, et l'entretien prit un autre tour.

Pourquoi cette interview n'a pas paru plutôt.

L'interview que l'on vient de lire était composée
déjà et devait paraître dans notre numéro de jeudi
matin, quand M. Laurent Tailhade nous avertit, mercredi après midi, qu'il était sous le coup d'une ordon-

nance de renvoi du territoire belge. Le jour même,
l'intéressé fit intervenir M. Furnémont auprès de M. le
ministre de la justice, afin d'obtenir un délai. Nous
avons pensé que publier immédiatement ses déclarations pourrait faire tort à M. Laurent Tailhade et nous
avons attendu qu'il fût explusé. Ce scrupule était peut-
être exagéré : M. Laurent Tailhade est assez grand
garçon pour peser les paroles qu'il adresse à un jour
naliste clérical — surtout quand le dit journaliste a
insisté expressément sur sa qualité ; n'importe... si le
geste est beau.

L'acte de M. Laurent Tailhade.

Rencontrant avant-hier un de nos grands avocats,
nous lui disions :
— Elle va bien, la « Belgique hospitalière » !
Et nous lui exposions le cas de Laurent Tailhade.
— Permettez, permettez, nous fut-il répondu, ce
n'est pas du tout la même chose : de M. de Lur-Saluces
ou de M. Buffet, par exemple, à M. Laurent Tailhade,
il y a loin. Je conçois que notre pays ne soit pas hos-
pitalier du tout à ce dernier. Il ne faut pas que la
Belgique devienne le paradis des anarchistes : cette
considération seule justifierait la mesure prise par
M. Van den Heuvel. Ensuite, M. Laurent Tailhade pa-
rait vouloir se soustraire à la prison : il est inutile
que nous nous prêtions à cette petite combinaison.
— Je ne crois pas que M. Laurent Tailhade...
— Il ne doit pas même être soupçonné d'avoir ces
intentions-là, et c'est lui rendre service que de l'ex-
pulser. S'il fait peu ou pas de prison, que deviennent
ses déclamations ?

Notre interlocuteur continua :

— Au témoignage de tous ceux qui, par profession, s'occupent des moyens de prévenir et de réprimer les actes anarchistes, la seule mesure efficace consiste dans la répression des excitations par la parole et par la presse. Ni Caserio, ni Luccheni, ni Csolgosz n'avaient fait ostentation de leurs sentiments anarchiques ; ils n'assistaient pas habituellement aux réunions plus ou moins tapageuses (et toujours suspectes à ce titre) des gens qui se disent anarchistes ; mais tous se trouvaient en possession d'écrits libertaires, depuis les plus doux jusqu'aux plus violents. Il a paru manifeste à ceux qui étudièrent à fond les circonstances de leurs crimes que leurs desseins furent le résultat de la lecture d'écrits pareils à celui de M. Laurent Tailhade. Cet écrivain, malgré tout le talent que je me plais à lui reconnaître, n'est pas à ménager. Remarquez que la jeunesse, qui proteste en France au nom de l'idée vinculée, réserve son opinion sur l'article incriminé... L'expulsion de Laurent Tailhade se justifie absolument.

L'expulsion.

M. Van den Heuvel a autorisé l'anarchiste français à séjourner en Belgique jusqu'à dimanche soir ; au moment où cet article paraîtra, M. Laurent Tailhade — selon sa promesse — aura quitté notre pays.

RENÉ HENRY.

Le *Petit belge*, 28 octobre 1901.

NOTES

NOTES

◆... *les frimas qui verrouillent la terre...* » (Rudyard Kipling. *Le deuxième Livre de la jungle* : Quiqern).

« *Le divin jeune homme...* », Harivansa. — C'est Hari, Haritas, *Charites*, les cavales du soleil, ou, si l'on traduit l'expression mythique en langage ordinaire, les nuées couleur de safran qui précèdent l'apparition du jour.

« *Horus Our* = *Lumière* » Phra-our, Lumière de Phra, Pharaon.

«... *Comme Isis ou Devaki...* » La *Vierge Céleste*, Chaldée (Cf. l'apparition d'Isis dans l'*Ane d'or*) ; l'*Immaculée*, Perse ; les *Vierges d'Odin*, Scandinavie ; le *reine thor* de Richard Wagner, qui « efface les péchés du monde ». Ici, la Notre-Dame-des-victoires offre aux adorations le Médiateur d'amour, comme dans le tableau d'Andrea Solari.

«... *Les préchantres, en latin barbare...* »
> *Lentus erat pedibus,*
> *Nisi foret baculus*
> *Et eum in clunibus*
> *Pungeret aculeus.*

Dum trahit vehicula
Multa cum sarcinula,
Illius mandibula
Dura terit pabula.

(*La Prose de l'Ane*, ap. Ducange : *Glossar.* cité par Michelet, *Histoire de France*, liv. IV, chap. VIII.)

« *Un tourbillon emportant des roses naissantes* ».
Salvete flores martyrum
Quos lucis ipso in limine,
Christi insecutor sustulit,
Ceu turbo nascentes rosas.

(*Hymne pour le jour des S.S. Innocents*, 28, XII).

«... *Plan d'éducation d'après les âges de l'homme...* »
Première enfance (la *nursery*, entre les mains des femmes) :

Tu modo nascenti, puero...
Casta, fave, Lucina...

Deuxième enfance (L'histoire, le précepteur) :

... divisque videbit
Permixtos heroas et ipse videbitur illis.
L'enfant *ne doit rien faire* :
... nullo munuscula cultu.

Adolescence, jeunesse. (Le combat pour l'équité) :
Pauca tamen suberunt priscæ vestigia fraudæ
... erunt etiam altera bella.

Age mûr (Suppression du labeur forcé, du *struggle for life* également néfaste pour le vainqueur et pour le vaincu, loisir et dignité) :

Hinc, ubi jam firmata virum te fecerit ætas,
Cedet et ipse mari vector...

Vieillesse (Justice patriarcale). Le demi-dieu législa-
teur, *Fafnos, Faunus*, pithécanthrope évolué, est instruit par le temps, Saturne. En lui s'incarne le roi de
la justice, Dharma-Radjah — Normæ-Rex. (Cf. Les
Anciens « assis aux portes de la ville », dans Homère.)

Aggredere, o magnos, adest jam tempus, honores.

« ... *gymnastique et musique, le rhythme et le mouvement.* » *La Bible de l'Humanité*, liv. I, chap. III. L'éducation. L'Enfant. Hermès.) Hermès, Sûrya-meïa, le médiateur de Sùrya, est le dieu des échanges. Crépuscule,
échange de la nuit et du jour, psychopompe, de la vie
et de la mort, parole, de la pensée et de la science
humaines.

« ... *souffleta Jésus et ses horribles suppôts* » (Cf. *Gargantua*, chap. XXIII et suivants ; *Pantagruel*, chap. III). C'est
la lettre admirable du père de famille qui n'a qu'un
tort, celui de nommer le chimérique « plasmateur de
l'univers ».

Pardonnons cette concession faite au surnaturel devant le bûcher d'Etienne Dolet. Quelques-uns de nos
Maçons invoquent bien encore un « grand Architecte »,
proche parent du Créateur des « sorbonnagres ».

« *Il est Phœbus, Athys, Adonis...* » En outre, Dyoni-
sos « dieu fils de Dieu » (Euripide, *Les Bacchantes*), né
au solstice d'hiver. Il combat les Titans (les éléments). Sa **passion**. Athéné rapporte son cœur (Orphée).
De même, il est Héraclès, combat de l'homme contre les
dieux, contre lui-même (le stoïcien), — contre les forces
naturelles, dessèche les marais, extermine les hydres,
purifie les miasmes et dissipe l'horreur des bois. Il

triomphe de la mort (Hadès) et ramène Alceste dans le palais d'Admète. Sa **passion**. Mais ici le dieu se sacrifie au bien des hommes. Ce n'est plus « la semaine sainte de Byblos », ni la mutilation du jeune Athys, ni l'exécution malpropre de Jésus. Les *pathémata* orientales sont purement passives, tandis que le Rédempteur occidental agit et souffre pour améliorer la terre et civiliser ses habitants.

« *Jupiter, en été, il reçoit, en automne, Persephonè...* » Dio. Zio. Hadès. Pluto. La terre inférieure, au déclin de l'année, résorbe les êtres venus à la lumière pendant les saisons heureuses. Le pépin de grenade a pour jamais lié Perséphone au ténébreux époux.

« *Les nobles architectes de Dwaravati...* » Viçwakarman, guidé aux portes de Dwaravati par l'épervier Garoud'ha, comme Evelpide et Pistétaïros, par la huppe, vers Néphélococcigye (*Les Oiseaux.*)

CONTRE LES DIEUX

« *Jésus veut faire un pilou-pilou, en l'honneur du Saint-Esprit* », *expliquent-ils aux doux Canaques.*

C'est toujours le procédé en honneur chez les prêtres de Cybèle (cf. Apulée. *L'Ane d'or*, lib. VIII).

« D'abord, d'une voix éclatante et prophétique, il s'incrimine faussement et s'accuse de quelques fautes contre les lois de la sainte religion, conjurant ses propres mains de tirer de ce crime une juste vengeance ; et, saisissant un fouet, arme ordinaire de ces demi-hommes, formé de longues torsades en laine,

garni de nœuds et de quantité de petits osselets en-
filés, il s'en applique mille coups, et résiste à la douleur des plaies avec une admirable fermeté. Vous auriez vu la terre rougie du sang que ces infâmes se
tiraient en se tailladant et se flagellant : ce qui m'alar-
mait étrangement ; car, voyant le sang ruisseler à flots
de tant de blessures, je tremblais, de même qu'il en
est parmi les hommes qui prennent du lait d'ânesse,
que, d'aventure, l'estomac de cette déesse étrangère et vagabonde n'aimât à voir couler le sang d'un
âne.

Dès qu'ils furent las, ou du moins rassasiés de se
déchirer, ils cessèrent cette boucherie : et lors, quantité de personnes de leur jeter à l'envi des pièces de
cuivre et même d'argent qu'ils recevaient dans leurs
robes ; d'autres de leur donner un baril de vin, du
lait, des fromages, de la farine d'orge et de froment...

C'est ainsi qu'ils parcouraient et rançonnaient tout
le pays. Un jour qu'ils étaient dans un château,
joyeux d'avoir fait une quête plus abondante, ils veulent se régaler : pour quelques mots de prétendue
bonne aventure, ils demandent à un cultivateur un
mouton bien gras, *afin de l'immoler à la déesse Syria,
fort affamée, disaient-ils.*

Et les apprêts du repas terminés ils vont aux bains.
Au retour, ils amènent souper avec eux un paysan
robuste et propre du bas à tenir contre leurs assauts.
A peine ont-ils goûté quelques légumes, qu'ils commencent, devant la table, la scène vigoureuse de leurs
obscénités ».

De nos jours, les capucins, les frères de la doctrine
chrétienne, les missionnaires n'ont pas d'autres allures
que les anciens corybantes. Le Sacré-Cœur, l'Imma-

culée conception remplacent, ou pour mieux dire continuent, sous un autre vocable, la Mère des montagnes et le culte d'Athys. Leurs prêtres n'ont pas rénové les moyens d'escroquerie. Mais quand l'ingénu, mâle ou femelle, n'est pas propre à « tenir du bas » contre leurs assauts comme Cécile Combettes ou le petit Foveaux, ils le chourinent par surcroît.

CONTRE LE GRAND JEÛNE ISRAÉLITE

Il convient, ainsi que vous le dit M. Alfred Naquet, que les Juifs « protestent ».

Interlaken, le 20 août 1901.

Opposé à tout ce qui divise les hommes, je suis l'ennemi irréductible de toutes les religions : AUSSI BIEN DE CELLE DANS LAQUELLE LE HASARD M'A FAIT NAITRE QUE DES AUTRES, j'aspire à l'union complète de tous les membres de la famille humaine, et cette union ne peut s'établir que sur les ruines des cultes. Tant qu'il existera des chrétiens et des juifs, des musulmans et des boudhistes, les préjugés, les rivalités et les haines persisteront et la réaction seule en profitera. Nous devons donc nous proposer, comme objectif essentiel, de déchristianiser et de déjudaïser le pays tout à la fois.

Ceci n'implique pas — loin de là — qu'il faille combattre les croyances par la persécution. Toutes les convictions sont respectables, pourvu qu'elles soient sincères, et il est criminel d'employer la violence contre l'idée. Je ne retire rien à cet égard de ce que j'ai dit

autrefois. Aujourd'hui comme en 1889 ou en 1894, je
préconiserais la tolérance et je répéterais avec Béran-
ger :

> « Qu'on puisse aller même à la messe
> « Ainsi le veut la liberté. »

Seulement, je pense que nous devons user des
moyens de la liberté et, par nos écrits, nos paroles
et nos actes, faire comprendre à nos semblables
QU'IL NE FAUT PLUS « ALLER A LA MESSE », et
que l'heure est venue de rompre avec toutes les Eglises
sans aucune exception. Mais j'estime — je l'ai dit à la
Chambre des députés en 1895 en combattant l'antisémitisme — que, pour accomplir cette œuvre de dé-
molition, chacun de nous doit faire la propagande
antireligieuse dans son milieu. Un catholique qui
attaque les dogmes et les rites du judaïsme sera suspect aux juifs ; un juif qui combat les principes et les
pratiques du christianisme sera suspect aux chrétiens ;
et cette suspicion stérilisera leurs efforts.

Pour que la propagande soit efficace, **il importe
que le judaïsme soit attaqué par des juifs**, le
catholicisme par des catholiques, et le protestantisme
par des protestants, la libre-pensée réunissant en un
faisceau tous ces lutteurs de l'idée. Je ne puis donc
qu'approuver votre attitude.

Malheureusement, je suis en Suisse, malade ; je ne
rentrerai à Paris qu'en octobre ; et dussè-je y rentrer
plus tôt, je ne pourrais assister à votre banquet, ma
santé m'interdisant, hélas, l'action. Mais si physique-
ment je ne suis pas des vôtres, moralement je suis
avec vous, heureux que vous me fournissiez l'occasion
d'apporter encore une pierre à l'édifice, en affirmant

une fois de plus mes convictions de libre-penseur.

Je tiens cependant à vous présenter quelques observations relativement aux défauts que vous signalez chez nos congénères et qui, selon vous, favoriseraient le développement de l'antisémitisme.

Les travers que vous dénoncez sont réels ; mais vous vous trompez en les considérant comme caractéristique de la bourgeoisie juive : ils constituent le caractère commun de la bourgeoisie, à quelque race et à quelque religion qu'appartiennent ses membres. Ils sont la marque de l'étape sociale que nous traversons à l'heure présente. Il ne serait pas juste de les attribuer aux seuls juifs. Les bourgeois chrétiens sont tout aussi snobs, tout aussi sots, tout aussi vaniteux, tout aussi enclins à l'ostentation. Félix Faure n'était pas juif ; et cependant nul ne l'a égalé en fait d'ostentation, de snobisme, de vanité et de sottise.

Les cléricaux, pour dériver le courant socialiste et mettre à l'abri leur fortune, s'efforcent de représenter le juif comme le prototype du capitalisme. Vous n'avez garde de prêter le flanc à l'attaque en acceptant comme vraie cette absurdité. Ce serait tomber dans un piège semblable que dénoncer l'ostentation et le snobisme chez les juifs à l'exclusion des chrétiens.

Les religions ne sont pas les seuls éléments de division entre les hommes ; les nationalités sont tout aussi funestes.

Nos patries actuelles — je viens d'achever l'impression d'un livre prêt à paraître pour légitimer cette conception — sont trop petites pour résoudre les vastes problèmes humains. De même que la province s'est fusionnée dans la nation, de même les nations actuelles sont appelées à se fusionner dans les États-

Unis de l'Europe, en attendant cette république universelle prédite par le poète :

> « O République universelle !
> « Tu n'es encor que l'étincelle.
> « Demain tu seras le soleil. »

Il importe donc de combattre les patries d'aujour-
d'hui au profit de la patrie de demain ; il faut être
cosmopolite comme il faut être libre-penseur.

Ce sentiment de cosmopolitisme ne diminue cependant en rien l'ardent amour que nous avons pour
notre pays. Aussi longtemps que dure l'état d'insoli-
darité actuelle entre les peuples, le plus sacré des
devoirs est, pour le citoyen, de tout sacrifier à son
pays dès qu'il est menacé.

J'aime pour ma part tous les peuples ; et comme
Thomas Payne, comme Anacharsis Clooz, je me sens
citoyen du monde. Si mon pays commet des erreurs
ou des fautes, je n'hésite pas à le reconnaître ; mais
qu'il soit injustement attaqué par des étrangers jaloux
et hostiles qui ne sont point encore parvenu au sentiment de la solidarité humaine, je revendique ma qualité de français et je me serre à côté de mes compatriotes.

La même ligne de conduite s'applique aux religions.
Jamais depuis ma jeunesse jusqu'à l'apparition de
M. Drumond je ne me suis senti juif. Je me sentais
homme, français, républicain, socialiste et c'était tout.
Mais depuis que M. Drumond a suscité parmi nous la
campagne antisémite, remuant et remettant en fer-
mentation les vieux levains ataviques du moyen-âge,
je me suis rappelé que j'étais juif.

Je ne suis pas pour cela revenu à la religion de nos

pères ; il ne saurait dépendre d'un énergumène de modifier des convictions appuyées sur les données de la
science, et l'antisémitisme m'a, au contraire, confirmé
dans la pensée que LES RELIGIONS SONT LES FLÉAUX DU
GENRE HUMAIN. Mais ma race a les mêmes droits que
les autres à la vie et à la liberté et j'ai considéré
comme un devoir sacré de me rapprocher de mes congénères.

Ces pensées sont vôtres. Vous les avez nettement
exprimées en flétrissant l'antisémitisme comme il mérite d'être flétri. Mais je tenais à les exprimer moi-
même, afin qu'il ne puisse se produire aucune fausse
interprétation de mon adhésion à votre banquet. Il ne
faut pas que personne puisse nous accuser de trahi-
san en face de l'arrogance antisémite.

Nous combattons le culte juif comme les libres-pen-
seurs chrétiens combattent les dogmes du christianisme, parce que JUDAÏSME ET CHRISTIANISME SONT ÉGA-
LEMENT EN OPPOSITION AVEC LA SCIENCE, ÉGALEMENT
ABSURDES. Nous travaillons à la fusion de tous les Français par la suppression des cultes qui les divisent,
comme à la fusion de toutes les patries dans l'unité
mondiale, par la suppression des nations insolidaires
qui les séparent.

Mais tant que la sauvagerie règnera sur la terre ;
tant qu'il y aura des Bonaparte, des Bismark et des
Chamberlain prêts à opprimer les peuples, nous nous
grouperons contre eux sous les couleurs de la France
républicaine ; et tant qu'il y aura des Drumond, des
Stoeck et des Pobiédonotzeff, nous nous unirons aux
autres juifs, religieux ou non, pour défendre leurs
droits d'hommes contre les criminels ou les insensés
qui les combattent.

Tel est bien votre sentiment. L'antisémitisme vous a

fait juifs — car vous ne l'étiez plus — et vous ne cesserez de l'être que quand cette forme de la réaction aura disparu...; de même que vous ne cesserez d'être Français que quand la France ne comptera plus d'ennemis dans le monde.

Quant à votre Banquet, à votre courageuse protestation contre des pratiques surannées que seul, le respect d'habitudes séculaires maintient encore, ce sont des actes qui, non seulement sont utiles au progrès général en concourant à l'éradication de vieilles erreurs désormais condamnées par tout ce qui pense, **mais qui servent les juifs directement.**

Les juifs religieux attendent le Messie. Ce Messie, c'est la science qui affranchit les intelligences, élève les cœurs, rapproche les hommes et les patries dans la fraternité universelle, c'est la révolution qui fera disparaître les haines religieuses et nationales en résorbant les religions dans la libre-pensée et les patries dans la patrie mondiale.

Voilà pourquoi, avec le vif regret de ne pouvoir assister à vos agapes fraternelles pour y dire de vive voix ce que je vous écris, je suis heureux d'adhérer moralement au banquet du Yom Kippour.

ALFRED NAQUET.

DIDEROT

L'homme de Walkyrie, le grisel irréductible des lupanars subventionnés, M. Leygues (si la pudeur permet de s'exprimer ainsi)...

Le ministère des Beaux-Arts! L'école des Beaux-

Arts ! Clapiers à Toulousains et qui se valent. Une ré-
cente vilenie exécutée par ces « pions du beau » est
l'exclusion de M. Tony Garnier qui rêvait, étant architecte, de faire autre chose que la maison de Diomede
et qui de Rome avait adressé un plan — d'ailleurs
tout à fait remarquable de cité ouvrière. La lettre que
voici fut lue au meeting de protestation organisé par
le Collège d'esthétique à la salle Noël et Chardon, le
vendredi 15 novembre 1901.

« Encore que je sois aussi parfaitement ignorant des
choses de l'architecture que M. Jean Lorrain de la
syntaxe française ou des bonnes mœurs ; encore que
mon discernement des ordres et des styles ne dépasse
guère l'acquis sociologique du fistuleux Coppée ; encore
que l'architrave, le stylobate, la lanterne et le pen-
dentif me soient beaucoup moins familiers que les
injures de la presse nationaliste, souffrez que, de
l'ermitage où m'ont inclus les bontés du ministère
de l'Intérieur, je communie avec vous, ce soir,
d'une indignation fraternelle et d'une chaude sympathie.

« A votre camarade, Tony Garnier, spolié de son
travail par les maîtres de l'Ecole, insulté par Larrou
met pour avoir essayé de mettre un peu de vie et de
raison dans un art qui stagne et radote, il semble,
incarcéré comme je suis, pour avoir fait hommage au
bon sens, à la pudeur, à la lumière, que j'aie le droit
d'offrir un salut chaleureux et mélancolique de proscrit à exilé.

« Nous sommes l'un et l'autre victimes de la même
hypocrisie, de la même bêtise. Les domestiques en
jupons noirs de la Neuvième Chambre et les « pions

du Beau » qui infligent des pensums aux libres esprits, appartiennent à la même famille de pieds plats veni-meux, de larbins irréductibles, de Pet-de-loup sans cœurs et sans rognons. Ils expriment, dans leurs offi-cines réciproques, le même état social, gendarmes de la scélératesse ou gardes-champêtres de la médiocrité. Roujon qui bannit la thérapeutique venérienne du théâtre, parce que cela manque de poudre à la maré-chale, ce goujat de Larroumet qui déverse la tinette des lieux communs administratifs sur la tête d'un jeune homme assez audacieux pour avoir tenu compte, dans un édifice moderne, des machines à vapeur, de l'omni-bus, du téléphone, de l'ascenseur et de l'électricité, sont la même peautraille qui nous vilipende, nous incarcère, qui nous vole nos femmes et notre pain, qui nous fait insulter par une équipe de magistrats et de folliculaires plus bourbeux que l'égout et plus fétides que le dépotoir à cause que, fils de la Révolu-tion française, nous poursuivons son œuvre, marchant les bras tendus vers une ère plus humaine, vers la terre promise de l'Anarchie et de la beauté.

« Les pédagogues et les tyrans font ensemble un ménage exemplaire, la déformation des intelligences étant le plus efficace des instruments de règne. Au surplus, la bourgeoisie capitaliste représentée — ô que significativement — par les académiciens, les mi-nistres, les Vadius en place et les Janotus officiels a pour la laideur abjecte et paperassière une incurable amour. Les clers d'huissiers, les vétérinaires, les escompteurs véreux et les gentilâtres cagots, qui four-nissent le parlement, qui donne à son tour les minis-tères, se délectent sincèrement de la hideur. Et, quand ils ont percé de longues, de stupides rues, quand ils ont fait choir des arbres centenaires, violé ce qui reste encore des nobles cités d'autrefois, ils ne dédaignent pas d'ériger, au milieu des carrefours, des places publiques, un temple grec, un *nymphæum* latin, quand ils ne dressent pas au faîte des collines ce formidable Sacré-Cœur architecturé, semble-t-il, par le marquis de Rambuteau à Brobdignac.

« Le bourgeois contemporain porte sur sa face l'ignominie de ses pensées. Il la cristallise en pierre dans ses habitacles et ses monuments.

« L'éducation de M. Leygues, rudimentaire et provinciale, penche naturellement vers un classisme de collège ; il se souvient encore des tragédies qu'il a vues au théâtre de Villeneuve et tire quelque importance d'avoir feuilleté le *Concionnes* que traduisit Bitaubé. Ce griset jeté par la politique dans les boudoirs subventionnés rêve, pour faire son quart de grand Turc, à des lieux aussi beaux que la préfecture de son endroit. Il ambitionne de mener les blettes Walkyries de l'Opéra, les cuisses mûres des « princesses déplorables » qui vibrent chez Claretie, dans l'*atrium* de la Maison carrée ou dans le *pronaos* du temple de Mycène. De même, Deschanel, afin de colloquer ses baignoires d'argent, son baptistère et sa pommade, ne voit rien de plus congruant qu'une *cella* pompéienne rehaussée d'esprit nouveau et de *modern style*, avec un oratoire gothique et des latrines pompadour.

« David a mis pour trente ans d'Hersilie dans les boîtes à couleurs », dit le Chassagnol des Goncourt. Frantz-Jourdain, l'écrivain mordant et passionné de l'*Atelier Chantorel*, a montré quel acharnement les maîtres et les confrères déploient contre un jeune homme suspect d'originalité.

« Le style de David règne toujours sur le goût national : c'est lui qui donne pour sujet aux concours de

peinture des matières à mettre en vers latins. C'est
lui qui harnache d'une sorte ridicule, pipos et saint-
Cyriens, presque aussi répugnants pour leur costume
que pour leur mentalité.

« L'atelier Chantorel sévit toujours et M. Larroumet
en fait les commissions.

« Il faut savoir gré à la *Revue naturiste*, à Frantz Jourdain qui, mieux que personne, connaît les révoltes et
les misères de l'artiste indépendant, à Mirbeau, glorieux pamphlétaire qui stigmatise l'ignominie contem-
poraine avec les lanières de Juvénal et le fer rouge de
Swift, de s'être unis dans un même but de délivrance
et d'équité. Leur protestation contre le déni de justice
infligé à Tony Garnier portera ses fruits, hâtera, dans
l'ordre esthétique, les revanches, les conquêtes légitime que nous poursuivons tous de même dans l'ordre
économique, intellectuel et social.

Laurent Tailhade.

ATHÉNA

« ... *en son livre nourri de faits et d'une si lumineus
critique, M. Aulard...* »

Le Culte de la Raison et le culte de l'Etre suprême,
(1792-1794) essai historique par F. A. Aulard, 1 vol in-
12. *Félix Alcan, éditeur* 1892. C'est un *compendium* éru-
dit et brillant de tout ce qui fut imprimé, dit ou chanté,
à Paris comme en province, et se rattache au culte
éphémère dont la pompe de Notre-Dame fut la plus
éclatante manifestation.

« ... *Le génie achéen, à la foi industrieux et batailleur* ».

La Religion, par ANDRÈ LEFÈVRE. 1 vol in-12. C. Reinwald et Cⁱᵉ, éditeurs, 1892.

« ... *la Convention affirme ses doctrines dans l'ordre purement intellectuel* ».

1793. — *Les faits de l'année.* MICHELET. MIGNET (*la suite des événements*) LAMARTINE, LOUIS BLANC (*Jugements*) QUINET ne peut servir. Il méprise les hébertistes et s'en tient à l'idée politique que les français auraient dû se faire protestants. C'est Mignet qui marque le mieux la situation.

1ᵉʳ août 1793. — Rapport d'Arbogaste pour le système métrique.

5 septembre. Gouvernement révolutionnaire jusqu'à la paix.

Novembre. Abjuration de l'évêque de Paris. Le 11, fête de la Raison.

A. *Le mètre.* Système des poids et mesures, décimal, se rapporte à deux abstractions :

1° Le chiffre 10, moyen de calcul, remplace le chiffre 12 pris aux phénomènes extérieurs.

2° Le gramme (eau distillée) remplace les livres, *libra*, onces, *as*, des Latins.

Bonaparte a Sainte-Hélène, dans son *Histoire du Directoire*, ne manque pas (la brute !) de reprocher aux révolutionnaires d'avoir abandonné les anciennes mesures, « si bien appropriées aux usages humains, façonnées aux divisions du corps ». Esprit **concret** de ce pauvre homme de lettres. Sa non-valeur scientifique.

B. *Le calendrier républicain.* Août 1793. Mis en vigueur, le 22 septembre (dernière sans-culottide veille, du premier jour de l'an : 1 vendémiaire). « Pour la première fois, l'homme eut la mesure du temps » (Michelet). Ce calendrier est de Romme. Fabre d'Eglantine a donné les noms des mois. Les mois, désignés par les phénomènes météorologiques et non plus par des dieux ou des astres. Les semaines (décades), par les instruments d'agricultureo u d'industrie. Les jours, par les végétaux. Le cinquième jour, par les animaux.

C. *La déesse Raison*. Les faits, dans GEORGES AVENEL (Anarchis Clootz, t. II) Michelet trouve « ennuyeuse » la cérémonie à Notre-Dame. Il a un faible pour le futur Etre suprême. Cependant c'est lui qui, le premier a mis en valeur les hébertistes.

L'abjuration de Gobel a-t-elle suivi ou précédé de quelques jours la fête de la Raison ? Ce qu'il y a de certain c'est que cet évêque vint trouver Chaumette, que Chaumette le conduisit à la barre de la Convention avec son clergé. Gobel fut guillotiné en germinal, avec Chaumette, la veuve d'Hébert et celle de Camille Desmoulins. Mécontentement de Danton « aux **mascarades antireligieuses** de Chaumette et Gobel ».

Les temples de la Raison continuèrent à s'ouvrir dans toutes les armées, surtout celle du Rhin, sous le règne même de Robespierre.

« ... *le logos de Platon analogue à la rouach des sémites* ».
Le *Logos* Christ. Reprendre la théorie des Idées (qui, sans doute, est de Pythagore) dans la *République* de Platon. Ce morceau n'a de valeur pour nous que comme amorce de la théorie kantiste sur la relativité de la connaissance humaine.

Au contraire, dans le spiritualisme, il est la base de la certitude arbitrairement attribuée à la raison, le monde sensible n'existant que comme reflet du monde intelligible. Tout cela paraît oriental.

L'institut pythagorique est un ordre religieux. Platon apporte dans Athènes le régime des **castes!** Aussi
Auguste Comte n'attribue à Socrate et Platon d'autre
valeur que celle de précurseurs du catholicisme. Sa
mansuétude croit leur faire plaisir par cette flétrissure.

Identité du *logos* et de la *rouach* hébraïque.

Confusion dans le christianisme de l'Esprit et
du Fils. Les gnostiques essayent de mettre un peu
d'ordre dans l'affaire. Leur *emanation* comble la dis-
tance infinie entre l'Etre absolu et le Monde matériel ;
il n'y faut pas moins de dix-sept éons. Deux *Sophia*.
Sophia Πρωτη ; la raison pure (la *hógma* des sémites).
Sophia Δευτερη (la *tebouna* des sémites) la raison pratique. Matter (*histoire du gnosticisme*, 3 vol. 1843), y
retrouver l'histoire de *Christos* (distinct de l'homme
Jésus) et né d'une larme de Sophia Acharamoth.

Le concile de Nicée amalgame ces apports disparates,
formule cette incroyable Trinité dont les trois termes
ne sont pas de même logique. On comprend la *Tri-
mourti* : Création, Conservation, Destruction, — on
comprend la Trinité égyptienne : le Père, la Mère et
l'Enfant — ou le Soleil, la Terre et l'Homme — ou
l'Univers, la Matière et la Pensée (Wishnou, Brahma,
Civa — Osiris, Isis, Horus). On ne comprend pas le
Père, le Fils et le Saint-Esprit.

Théorie de la raison, chez les cartésiens.

Théorie de la raison, chez Hégel :
Faculté qui saisit l'Absolu. Voir la réfutation de Taine
(*Philosophies classiques du* XIX° *siècle*).

« ...derrière ce fou sublime je vois la déesse éternelle ».
La *Bible de l'Humanité*, par Michelet, (I vol. in-12,
Chamerot éditeur, 1864. Calmann Lévy, 1898).

« ... *la vierge poliade et la ville d'Erechtée eurent à l'avenir un même glorieux destin* ».

L'Erechtéïon est le vrai temple, le *palladium*.

Le Parthénon est un temple votif à la déesse abstraite, Παρθενος.'

Diverses Athéna à Athènes :
A. *Pallas* de l'Erechtéïon.
A. *Promachos* de l'Acropole.
A. *Parthénos* du Parthénon.
A. *Hygia* de l'Acropole·

A. *Niké*, *Niképhoros*, temple de la Victoire aptère.

Assimilation à Pallas, la guerre. Assimilation à Menerva, Ménephron des Etrusques. Déesse de la raison et de la guerre.

Pierre Laffitte attribue la rigueur rationnelle de l'art, de la politique et de la science chez les grecs à ce que, pour la première fois, une société se fondait sur la spécialité militaire. Tout grec, soldat. Mais aussi (Voltaire. *Dict. philosophique*, art. Xénophon), tout grec était poète, artiste, philosophe, citoyen, voyageur. Absorption de la spécialité militaire dans la civilisation.

« ... *fonde le droit, aboli pour toujours le règne détesté de la grâce* ».

Athéna éponyme personification de la Cité (Michelet, *loc. cit*).

Développement de la république d'Athènes :

1. Solon. *La Loi possible*. « Je leur ai donné, non les meilleures lois, mais celles qu'ils peuvent supporter ».

2. *La loi prévoyante et accueillante*. Thémistocle, fils

d'une métèque. Il prévoit l'invasion, tourne la cité vers la marine, les Iles.

3. *La loi miséricordieuse*. Les Athéniens, apprenant un massacre commis par les Argiens, élèvent un autel à la Pitié.

4. *Fédéralisme de Démosthènes* contre le nationalisme de Philippe et d'Alexandre.

LE TRIOMPHE DE LA DOMESTICITÉ

« *Mêmes intérêts chez le russe et l'allemanda, l'exception des provinces baltiques.* »

« Furthermoore, there are indications that accumu-lated wealth in following in the track of industry. With France this proposition seeny demonstrable. The out flow began with the war-indemnity of 1871, wich, alone may have tipped the balance foward Germany ; and since 1870 the victors have continually squeezed the, vanquished. Isolated and weak, France, with' the instinct of self-preservation, has amalgamated with Russia, and, to strengthen her ally, has remitted thi-ther the bullion which might have expanded her ma-nufactures at home. The amount lent has been esti-mated at 2,000,000,000 (huit milliards de francs) perhaps it is more. Certainly it hos sufficed to vitalise Northern Asia uncter this impulsion the Russian Empire has solidified, and mills, and workshops have sprung upon on the southern steppes ; while Poland is becoming a manufacturing province. The russian railway system ist stret ching East ward ; it is under construction to Peking ; and it is said to be projected to Hankou to commercial capital of the Great central provinces of China. **Nor has Russia alone bene-fited. No small portion of this great sum**

has percolated tho Germany where the Rus-
sians have bought becaure of advantageous
prices. Thus, yelding to a resistless impulsion,
France is being drawn into the vortex of a continental system wore centre travels east
ward. »

America's economic supremacy

By

Brooks Adams

author of « the laid of civilisation and decay »

New-York and London, 1900.

CONCLUSION : L'alliance russe coûte déjà trois milliards de plus à la France que l'indemnité de guerre
de 1871. Mais ses bienfaits ne se bornent pas à cela
puisqu'elle fortifie la conquête du nord-est. Grâce à
elle, « prise dans le vortex du système continental », la
France, comme la Pologne deviendra une « manufac-
ture industrielle », une fabrique sous l'hégémonie
économique de l'Allemagne et de la Russie, comparable
aux ilotes, drapiers et tisserands pour le compte de
Lacédémone. Etait-ce en vérité bien la peine d'accro-
cher aux murailles tant de madapolam, de brûler aux
nuages tant de flammes de Bengale et de tricolores ser-
penteaux ?

LE PROCÈS du *Libertaire* (Appendice).

Donc il faut condamner, je plains M. Pacton.

La nature des occupations de Monsieur le substitut,
inhibe toute espèce de raisonnement.

Il semble donc présomptueux, outrecuidant et lan-
ternier d'offrir à l'*avocat bêcheur* de la Neuvième
le syllogisme que voici, encore que pour l'entendre,
il ne faille qu'une sagacité à longues oreilles,

celle, par exemple, de Pappadiamantopoulos ou d'Anatole Baju :

MAJEURE

Le courage de tout homme est proportionné au danger qu'il court.

MINEURE

Le courage de l'accusé est mesuré à la peine qu'il encourt.

CONCLUSION

Les peines étant proportionnées en apparence au délit, l'accusé n'est courageux qu'à condition d'avoir commis le plus grand crime.

Janotus de Bragmardo, le sieur de Humevesne, le conseiller de Furetière et Bridoison entendraient cela.

TABLE DES MATIÈRES

Saint-Amand (Cher). — Imprimerie BUSSIÈRE

www.ingramcontent.com/pod-product-compliance
Lightning Source LLC
Chambersburg PA
CBHW050454270326
41927CB00009B/1747